班组培训
金点子

中国南方电网有限责任公司 编

中国电力出版社
www.cepp.com.cn

—— 内容提要 ——

中国南方电网公司贯彻落实科学发展观，积极深化一线员工教育培训工作，采取多种形式开展针对性和实效性强的班组现场培训，提升班组自主管理能力和员工素质，不断推动创建学习型班组的有效创建。公司在征集 200 多个班组培训案例的基础上，经过筛选、整理和提炼，形成了 65 个具有鲜明特色的培训案例，并编制成《班组培训金点子》一书，以满足企业班组培训创新以及分享班组培训经验的需要。

本书共分 11 部分 13 个典型案例和 52 个拓展案例，主要内容有：第一部分人人为师培训，介绍 2 个典型案例和 11 个拓展案例；第二部分案例培训，介绍 1 个典型案例和 3 个拓展案例；第三部分体验式培训，介绍 1 个典型案例和 7 个拓展案例；第四部分情景模拟培训，介绍 1 个典型案例和 4 个拓展案例；第五部分演习演练培训，介绍 1 个典型案例和 3 个拓展案例；第六部分师徒培训，介绍 1 个典型案例和 6 个拓展案例；第七部分资料库培训，介绍 2 个典型案例和 6 个拓展案例；第八部分以会带训，介绍 1 个典型案例和 5 个拓展案例；第九部分定制培训，介绍 1 个典型案例和 4 个拓展案例；第十部分行为规范培训，介绍 1 个典型案例和 1 个拓展案例；第十一部分专业拓展培训，介绍 1 个典型案例和 2 个拓展案例。

本书既可作为全国电力企业班组学习借鉴一线培训有益经验、创建学习型班组的必备书籍，也可作为其他行业开展班组培训和各级管理人员、培训师的参考书籍。

图书在版编目（CIP）数据

班组培训金点子/中国南方电网有限责任公司编. —北京：中国电力出版社，2010.1（2021.1 重印）

ISBN 978 - 7 - 5083 - 9620 - 0

Ⅰ. 班… Ⅱ. 中… Ⅲ. 电力工业-生产小组-工业企业管理-技术培训-教材 Ⅳ. F407.616.6

中国版本图书馆 CIP 数据核字（2009）第 195682 号

中国电力出版社出版、发行

（北京市东城区北京站西街 19 号 100005 http://www.cepp.sgcc.com.cn）
三河市万龙印装有限公司印刷
各地新华书店经售

*

2010 年 1 月第一版 2021 年 1 月北京第七次印刷
889 毫米×1194 毫米 32 开本 7.75 印张 188 千字
定价 60.00 元

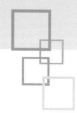

前　言

　　人才是科学发展的第一资源，是增强企业核心竞争力的第一要素。班组是企业最基层的组织单元，是培养锻炼各类人才队伍的基础平台，是提升企业管理水平、构建和谐企业的落脚点。中国南方电网有限责任公司（以下简称"中国南方电网公司"）成立以来，坚持以邓小平理论、"三个代表"重要思想为指导，深入贯彻落实科学发展观，高度重视员工教育培训工作，在开展大规模的班组培训中以不断提升班组管理水平和员工队伍素质为重点，增强班组团队的学习能力、创新能力、实践能力，实现员工与企业的和谐发展、共同进步，为推动企业又好又快发展提供了人才保证和智力支持。为持续深化一线员工的教育培训工作，把培训资源进一步向一线倾斜，全面总结中国南方电网公司在开展班组培训的实践中取得的有益经验和有效做法，集中宣传中国南方电网公司班组培训管理的新思想、新方法、新理念，构建班组管理的知识共享平台，推动学习型班组建设，激发员工自主创新、积极参与学习培训的主动性，中国南方电网公司组织开展了《电网企业班组培训金点子案例》征集和编写活动。

　　在征集活动中，中国南方电网公司系统各单位积极响应，认真组织申报。贵州电网公司作为《电网企业班组培训金点子案例》编撰出版的具体承办单位，受中国南方电网公司委托组织相关编审人员对班组培训金点子案例进行认真细致的筛选、整理、提炼和审核，最终确定了 11 部分共 65 个案例入选本书。《班组培训金点子》的出版发行将为企业员工教育培训工作特别是基层班组教育培训工作提供可借鉴的优秀学习培训资源。

在本书的选编过程中，得到了有关单位、部门和专家、学者的支持与指导，广大一线员工也积极参与了编写工作，值此本书出版之际，我们在此一并表示衷心的感谢！

由于本书选编工作量大，时间紧，经验有限，疏漏之处在所难免，如有不妥之处，恳请广大读者不吝赐教。

《班组培训金点子》编委会
二〇〇九年十月

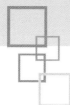

目　录

第一部分 人人为师培训

班组培训金点子

人人为师培训是指班组成员以老师的角色对其他员工传授知识和技能的培训方式。一般具有两种形式：一种是班组员工选定授课内容，轮流上讲台授课；另一种是班组成员间进行一对一或一对多的知识和技能相互传授。

人人为师培训能够发挥班组内每个成员的长处和特点，促使员工换位思考，从而进一步提高其学习的自觉性和积极性。此外，它还能锻炼员工逻辑思维能力、语言文字表达能力和沟通能力，增强员工的自信心，营造和谐融洽的班组氛围，推动员工知识、技能和综合素质的全面发展。

人人为师培训在实施过程中，首先要对员工知识或能力进行调查与摸底，其次要根据员工个人差异制订授课计划并独立完成课程开发，最后要班组监督计划的落实情况，并及时对实施效果进行评价与考核。

人人为师培训具有很强的实用性和可操作性，在企业班组中得到广泛应用。

人人都是培训师

所属类别：人人为师培训
案例级别：典型案例
案例单位：超高压输电公司柳州局
实施班组：500kV 河池变电站运行一值

一、班组基本情况

班组基本情况，如表 1－1 所示。

表 1－1　　　　　　　　班组基本情况表

班组名称	500kV 河池变电站运行一值		主要业务		变电运行	
平均年龄	27	班组人数	4			
人员学历结构	本科以上	人数	4	专科以下	人数	0
		比例	100%		比例	0
人员技术（技能）级别结构	技术等级	高	人数	0	比例	0
		中	人数	1	比例	25%
		低	人数	2	比例	50%
	技能等级	高	人数	1	比例	25%
		中	人数	0	比例	0
		低	人数	0	比例	0

二、金点子实施背景

500kV 河池变电站运行一值中，既有工作还不到一年的新员工，也有从二次检修转岗过来的员工，因此急需通过有效的培训以提高值班员的业务素质。传统的培训往往是，由值长或资深值班员填鸭式的授课，效果往往不理想，同时由于工教矛盾突出，值长和资深值班员往往难以维持正常开展培训。因此，经过摸索和探讨，改变传统的培训方式，采取多措并举和更有成效的班组培训，开展了"班组内人人都是培训师"的活动。

三、金点子实施情况

（一）调研分析与提出方案

1. 对班组员工情况摸底，分析现状

培训之初，班值长对本班组的员工技能水平进行摸底，并进行了分析统计，如表1-2所示。

表1-2　　　　　培训前班组员工技能水平情况

人员类型	人数	所占比例	运行操作技能水平（高、中、低三个级别）
值班班长	1	25%	高
工作年限在2~4年的值班员	1	25%	中
转岗人员（原检修岗）	1	25%	低
工作未满一年的见习值班员	1	25%	低

由于员工个人技能素质差异较大，他们各自具有不同的优势和劣势。因此，在班组培训中存在以下主要问题：

（1）培训力度不够，变电站及班组内的工学矛盾突出，造成对培训工作有心无力，培训时间、质量均难以得到保证；

（2）传统的培训是填鸭式的，参加培训的人员学习比较被动，员工参与培训的积极性不高。

2. 针对问题，采取对策

（1）根据人员的技能水平，设置菜单式培训项目，由班组员工自行选择自己擅长的项目，并有针对性地去钻研和开发相应课程；

（2）开展"人人都是培训师"的活动，要求班组员工每人都讲授一定课程，直接参与培训。

3. 明确目标

培训的目标是计划用两年的时间，实施"人人都是培训师"培训方案，充分调动培训积极性，提高培训效果，使资深值班员温故知新、教学相长，使普通班组员工、转岗人员及见习值班员的技能素质大幅提高。

4．建立制度，保障实施

制定《河池变电站班组培训考核及奖惩办法》，其中培训师的成绩（考核成绩单格式见附件）由培训难度和培训质量决定，具体公式为

$$培训成绩（S）＝培训难度（H）×培训质量（Q）$$

式中　培训难度（H）分为难、中、易三个级别，难度系数分别为 3、2、1；

培训质量（Q）分为高、中、低、差四个级别，系数在 0～3 之间（3 为质量最高，0 为质量最差）；

培训成绩（S）则分为优、良、中、差四个级别。

培训难度、培训质量和培训成绩的详细内容，分别如表 1-3～表 1-5 所示。

表 1-3　　培训难度表

培训难度（H）	
难度系数	描述
3	难度高
2	难度中
1	难度低

表 1-4　　培训质量表

培训质量（Q）	
质量系数	描述
3	质量高
≥2	质量中
≥1	质量低
≥0	质量差

表 1-5　　　培 训 成 绩 表

培训成绩（S）＝ 培训难度（H）×培训质量（Q）	等级	增加培训积分	整改措施
≥6	优	3	—
≥4	良	2	—
≥2	中	1	建议重新讲授
<2	差	0	必须重新讲授

例如，值班员张某选择了难度系数为 3 的培训课题，其授课质量得到了全体值班员的共同认可，培训质量系数为 2.5，则其培训成绩为 3×2.5＝7.5＞6，培训成绩等级为"优"。

（二）启动培训

（1）值班长第一年制定较为全面的培训计划，以后每年根据值班员掌握知识的情况制定培训计划，并为每个培训项目设定了难度系数。

（2）每个值班员根据自身能力和技能水平，选择适合自己的培训项目，也可由值班长按照个人情况进行分配。

（3）为保证培训质量和效果，培训次数为每人每月一次。一般在前一个月选择培训项目，在下一个月开展培训。在一个月的准备期内，培训师需掌握相应的培训项目，准备好培训材料。

（4）培训开展时由培训师授课。如图 1-1 所示，在授课过程中，其他人员如认为有错误或疑问，可以自由提问。在培训结束后，由班组员工进行点评，为培训成绩打分。

图 1-1　培训师授课培训

（5）将培训成绩与培训积分挂钩，并对培训成绩为"优"者给予一定的物质奖励，责令成绩差者整改，具体培训奖惩措施如表1-6所示。

表1-6　　　　　　　　具体培训奖惩措施表

培训成绩（S）	等级	增加培训积分	物质奖励	整改措施
≥6	优	3	50元/次	—
≥4	良	2	—	—
≥2	中	1	—	建议重新讲授
<2	差	0	—	必须重新讲授

四、金点子实施效果

经过一年的实施，河池变电站运行一值人员的技能水平有了较大幅度的提升。一人通过了变电运行值班员高级工考试，一人通过了变电运行值班员中级工考试。实施培训前后班组员工技能对照图，如图1-2所示。

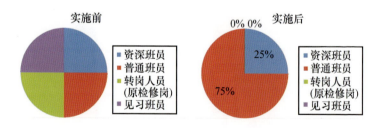

图1-2　实施培训前后班员技能对照图

在2008年初至2009年初，河池变电站一值值班员累计处理跳闸13次，消除异常11次，处理过程均做到了正确、迅速、及时，在具体倒闸操作的处理过程中未发生过一起误操作及其他不安全事件。

值得一提的是，2009年2月2日，河池变电站发生了一起罕见的500kV断路器爆炸、母线失压、SF_6气体泄漏、设备受损严重的事件，河池变电站一值为当值人员。由于前期的培训和学习到位，虽然是第一次面对这样复杂和充满危险的事件，但值班员没有慌乱，在值长的指挥下，全体值班员及时佩戴防毒面具，迅速完成向上级调度汇报、隔离故障、检查受损设备、隔离受损设备等任务。其中，隔离故障点的任务仅用时6min，如图1-3所示。

图1-3　突击事件任务仅用6min处理得当

五、金点子应用注意事项

需要有完善的激励制度相配套，特别是要注意奖惩的时效性。

案例特点

强调员工通过亲身体验培训师的角色，提高了参与学习培训的积极性，同时在授课的过程中能够做到充分掌握某项知识和技能，达到提升自身业务素质的目的。

1. 管理制度

500kV 河池变电站培训考核及奖惩办法

1. 为了提高河池变电站培训工作质量，充分发挥人员参与培训的积极性，特制定本标准。

2. 本办法适用于河池变电站各班组值班人员。

1. 培训施行依照"人人参与，人人受益"的理念，原则上工作满半年的人员都要参与培训工作。

2. 培训按照每人每月一次的频率开展。

3. 培训计划及项目由班组副值长以上人员负责编制，并为各培训项目设置难度系数，其中培训难度（H）分为难、中、易三个级别，其难度系数分别为3、2、1，上报部门审核后实施。

4. 每次培训后由班组员工根据培训情况对培训质量进行评价，培训质量（Q）分为高、中、低、差四个级别，系数在 $0 \sim 3$ 之间（培训质量由班组员工民主评价，去掉最高分和最低分，取平均分，由班组负责人记录）。

5. 根据培训人员选择项目的难度系数及培训质量，由值班长对培训成绩进行计算，其计算办法为

$$培训成绩(S) = 培训难度(H) \times 培训质量(Q)$$

6. 培训成绩（S）分为优、良、中、差四个级别，其中：得分 $\geqslant 6$ 为优，$\geqslant 4$ 为良，$\geqslant 2$ 为中，< 2 为差。

例如，张某选择了难度系数为2的培训课题，授课质量得到了全体值班员的共同认可，培训系数为3，培训成绩为 $2 \times 3 = 6$，等级为优秀。

1. 对培训成绩为"优"者，获得 3 个培训积分，并奖励人民币 50 元/次；

2. 对培训成绩为"良"者，获得 2 个培训积分；

3. 对培训成绩为"中"者，获得 1 个培训积分；

4. 对培训成绩为"差"者，获得 0 个培训积分；

5. 对一年内培训成绩累积获得最多"优"者奖励人民币 200 元，获得"优"的次数不得低于 6 次；

6. 对于培训成绩为"差"的人员，必须重新讲授，重新讲授可选择原讲授不合格的课题，也可以讲授其他课题。

2. 附件

500kV 河池变电站运行一值____年度班组培训成绩登记单格式，如表 1-7 所示。

表 1-7　　　　**500kV 河池变电站运行一值____年度**
班组培训成绩登记单格式

月份	培训人员	培训题目	培训难度系数（3，2，1）	培训质量（0～3）	培训成绩	培训成绩等级（优，良，中，差）	评判人

注　培训考核成绩＝培训难度×培训质量，培训难度分为难、中、易三个级别，难度系数分别为 3、2、1。培训质量分为高、中、低、差四个级别，系数分别为 0～3。培训考核成绩分为优、良、中、差四个级别，其中，得分≥6 为优，≥4 为良，≥2 为中，<2 为差。

3. 活动照片

500kV河池变电站运行一值的班组内人人都是培训师的活动照片，如图1-4和图1-5所示。

图1-4　班组内人人都是培训师的活动照片之一

图1-5　班组内人人都是培训师的活动照片之二

手拉手技能帮扶

所属类别： 人人为师培训

案例级别： 典型案例

案例单位： 贵州电网公司遵义供电局

实施班组： 计量管理所电测热工班

一、班组基本情况

班组基本情况，如表 1-8 所示。

表 1-8 班组基本情况表

班组名称	计量管理所电测热工班			主要业务		电测、热工管理
平均年龄		班组人数		10		
人员学历结构	本科以上	人数	1	专科以下	人数	9
		比例	10%		比例	90%
人员技术（技能）级别结构		技术等级	高	人数	0	比例	0
			中	人数	1	比例	10%
			低	人数	3	比例	30%
		技能等级	高	人数	3	比例	30%
			中	人数	6	比例	60%
			低	人数	1	比例	10%

二、金点子实施背景

随着遵义供电局计量管理所电测热工班工作范围的不断扩大，该班面临着工作任务日渐加重，人员严重不足，员工技术技能单一，高技术技能员工人数较少的困境。当遇有紧急工作而且任务量较大时，往往会严重影响工作的质量和效率。为了改善这种状况，电测热工班开展了"手拉手技能帮扶，阶段性目标考核"的培训活动。

三、金点子实施情况

（一）前期筹备

1. 素质摸底，分析问题

班组对员工进行技能素质摸底，了解员工掌握各种技能的具体情况：全班仅 20% 的员工掌握热工仪表检定技能，掌握交流采样、变送器检定技能的员工也只有 40%，员工技能相对单一。

班组的生产任务繁重，造成对培训工作不够重视，舍本逐末，培训趋于形式化。班组培训只注重"量"的多少，而不注重"质"的效果，没有针对性，没有根据员工的具体情况和实际需要安排培训。

2. 针对问题，找出对策

（1）根据综合分析结果建立员工技能原始档案。依据岗位要求，明确员工培训的目标和要求，将员工的技能现状和岗位技能要求逐一列出，明确员工差距，突出技术关键点，如图 1-6 所示。

图 1-6　突出技术关键点

（2）合理搭配，结对帮扶。根据班组员工的技能现状和培训需求，进行科学合理的搭配，建立起快速提高技能的"手拉手技能帮扶对子"，让班组每位员工既是培训他人的老师，又是被他人培训的学生，如图 1-7 所示。

图 1-7　合理搭配，结对帮扶

（二）培训实施

（1）培训计划结合班组当月的工作任务进行安排和布置，并落实到每周的培训内容中。

（2）采取理论和实践相结合的培训方式，开展班组培训。

（3）根据培训计划，通过手牵手结对子的方式逐项实施培训。在培训中加强过程管控，班组依据培训计划对各帮扶对子的培训过程进行全程监督。

（4）分阶段开展不同方式的培训评估。培训效果的认定，由班组上级单位通过技能考评确认被帮扶的员工是否达到预期的培训效果和目标。

（5）根据考评情况，由上级单位对手拉手技能帮扶活动进行总结，对活动中涌现出的先进对子进行奖励和表彰。

四、金点子实施效果

通过开展"手拉手技能帮扶，阶段性目标考核"培训后，电测热工班员工各种技能的掌握人数都有了较大的提高，员工技能水平有了较大幅度的提升，掌握热工仪表检定、电测仪表检定及交流采样、变送器检定全部三项技能的员工达到80％。

五、金点子应用注意事项

（1）应细化目标考评办法，健全考评标准，提高员工学习的积极性；

（2）在提倡员工掌握多项技能的同时，应注意引导员工对专项技术和技术关键点的攻关和学习。

案例特点

强调员工在技能培训中采取"一对一的手拉手技能帮扶"的方式，并在充分掌握个人需求的基础上进行针对性的培训，最终实现结对双方互相促进、共同提高。

资料链接

1. 管理制度

个人学习目标考评办法

随着电网的不断发展，现代化检测手段的广泛运用以及电力计量技术的不断更新和发展，电力企业对员工技能和综合素质的要求也越来越高，专业型和实用型人才也越来越成为电力企业开展职工教育培训工作的发展方向，为了适应这一发展的需要，确保班组各项检测工作的顺利开展，为班组精细化管理工作奠定基础，班组将为职工创造更多的学习机会，搭建更多的学习平台，促使班组各级员工自身业务技能不断提高和逐步完善。班组将在历年开展"手拉手技能帮扶"活动的基础上，结合各级员工岗位需求和个人实际技能状况，在全班员工范围内开展短中期个人学习目标考评管理，通过短中期个人学习目标的逐步实现，最终达到各级员工技能水平的稳步提升、班组各项工作顺利开展的目的。为确保此项工作的顺利开展，经培训小组评审后特制订本方案。

1. 班组根据目前岗位的设置及工作的具体项目和内容编制出班组各级岗位所需要达到完成各项工作的标准作为岗位达标的考评依据，各岗位标准的编制应以目前所在岗位的需求为原则进行，岗位标准的内容应详细、明确。

2. 各级员工根据岗位目标需求检查自身技能缺陷，编制短、中期个人学习目标、计划，内容具体，目标明确，并采用由易到难、由浅入深的方式逐渐提升自身的业务技能，使其能在本岗位发挥更大的作用。

3. 个人学习目标的编制分为多个阶段，即短期目标（个人目前在本岗位急需的业务技能，学习时间不得超过 3 个月）、中期目标（个人在本岗位发挥更大作用所需的业务技能，学习时间不得超过 12 个月）、长期目标（个人为适应其他岗位所需的其他技能）。

4. 班组及个人学习目标制订后，上报目标评审小组评审，评审合格后为有效目标，即可按计划实施。

1. 员工在计划时间内通过各种学习方式达到目标后，可随时向考评小组申请考评，考评通过后重新编制下一目标。

2. 考评小组在个人学习目标实施过程中随时检查学习进度，了解各级员工的学习情况，并且在下一目标过程中也将对已经达标的内容进行巩固抽查，避免"考前急学，考后忘本"的情况发生。

3. 考评的方法采用"实际操作为主，理论考核为辅"的方式进行。

1. 在不影响班组日常工作的前提下，积极开展学习培训工作。班组根据日常工作需求及实际工作情况应将培训工作穿插安排到日常工作中。

2. 班组应根据个人学习目标、计划，收集在学习、工作过程中遇到的问题，不定期进行集中讲课，讲课内容提前两天在班组内公布。

3. 班组不定期安排推荐教师与被培训人员的对口帮扶，并依据班组工作情况将学习列入日常工作计划，分时段进行培训。

4. 所有学习人员应当服从班组的统一安排，若不服从工作安排，将依据相关制度实施考核。

5. 学习方式主要采取自学为主，学员可依据自身的情况向推荐教师进行请教，推荐教师应耐心对其进行讲解。

1. 一次性投入奖励基金5000元，用作员工的奖励，其余的资金从考核费用中纳入。若全体班组员工表现突出，无被考核的现象发生，奖励金额不够，将追加费用。

2. 员工在计划时间到达后仍不申请考评的视为"考评未通过"，扣个人500元，考评小组给定时间重新学习。

3. 考评小组重新给定计划时间内仍未达标的，扣个人1000元，考评小组再次给定学习时间。

4. 第三次给定时间结束后仍未达标者，停发个人奖金，直至考评通过后再进行下一目标的制订。

5. 教师必须认真、耐心、毫无保留地对学员进行讲解，若学员反映推荐教师无理由拒绝讲解，经考评小组核实后，每次扣推荐教师500元。

6. 年终由学员对教师进行考评，评出两名"最佳师德奖"，奖励优秀推荐教师每人 2000 元。

7. 学员连续 3 次学习目标均一次性通过的，将从奖励基金中奖励每人 1000 元。

8. 本考评方案自发布之日起开始执行。

2. 相关表格

手拉手技能帮扶培训技能状况及需求调查，如表 1 - 9 所示。

表 1 - 9　　　手拉手技能帮扶培训技能状况及需求调查表

姓　　名		性　　别		出生年月	
所在班组		所在岗位		填报时间	

通过去年的手拉手活动你学到了哪些技能？

你认为去年的手拉手活动考评的方法有哪些不足之处？你有何建议？

你认为今年的手拉手活动应该采取什么样的方式？

你有何特长？目前你认为已经掌握的技能有哪些？

在目前的岗位上你需要进行哪些方面的培训？

你认为提高技能可采用的方法有哪些？你愿意采用哪种方式？

3. 技能帮扶协议书

技能帮扶协议书

根据生产实际和本人的需要，自 2009 年 08 月 12 日起至 2009 年 10 月 30 日止，＿＿＿＿同志自愿拜＿＿＿＿同志为师。自签订本协议书之日起，我俩确定为师徒关系。主要培训项目为＿＿＿＿＿＿＿＿。为提高徒弟的政治思想觉悟、专业理论知识和技术技能水平，我俩愿意订立包教、包学、包会协议。

＿＿＿＿师傅的职责：

1. 为人师表、爱岗敬业，在思想、业务、工作态度等方面为徒弟树立榜样。

2. 对待徒弟，态度严肃、端正，关心徒弟成长。

3. 在签订的培训项目上，指导徒弟达到预期的技术等级要求，并在规定的时间内完成已签订的项目内容。

＿＿＿＿徒弟的职责：

1. 对待师傅，态度要严肃、端正，认真钻研专业理论和技能，严格执行师傅的要求，尊重师傅，主动争取师傅的帮助，虚心学习，有疑必问。

2. 认真做好工作笔记和技术问答，积极参与各种技能竞赛，撰写技术论文，技能鉴定等活动。

签约人：师傅（签名）：　　　　　年　月　日

　　　　徒弟（签名）：　　　　　年　月　日

部门领导（签字）：　　　　　年　月　日

注：本协议一式三份，签订协议的师傅和徒弟各一份，部门保留一份备案。

4. 活动照片

遵义供电局计量管理所电测热工班"手拉手技能帮扶，阶段性目标考核"培训活动照片，如图 1-8~图 1-11 所示。

图 1-8 "手拉手技能帮扶，阶段性目标考核"培训活动照片之一

图 1-9 "手拉手技能帮扶，阶段性目标考核"培训活动照片之二

图 1-10 "手拉手技能帮扶，阶段性目标考核"培训活动照片之三

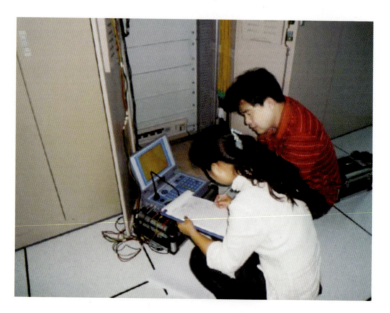

图 1-11 "手拉手技能帮扶，阶段性目标考核"培训活动照片之四

拓展案例一

全员参与，自我培训，共同提高

所属类别：人人为师培训
案例级别：拓展案例
案例单位：广东电网公司深圳供电局
实施班组：信息部电网自动化分部系统开发及维护班

一、金点子实施情况

深圳供电局信息部电网自动化分部系统开发及维护班，负责电网自动化主站系统的运行及维护工作。班组多数成员除自己负责的系统外，对其他的业务系统了解较少，为改善此种情况，让员工对本班组的各项业务和系统有较为全面、深入的了解，开展了以"全员参与，自我培训，共同提高"为主题的培训工作，其具体实施情况如下：

（一）需求调研，制订计划

年初由班长和班组培训员进行班组内部培训需求调查，根据统计所得的培训需求情况和工作的实际情况，制定出详细的全年培训课程及培训计划。

（二）前期准备

（1）根据培训内容及个人专业特长安排授课人员；

（2）授课人员根据培训内容准备培训资料和培训课件（PPT）；

（3）班组培训员根据培训时间做好相应的培训准备。

（三）启动培训

（1）授课期间，老师和学员根据实际进行互动，同时指定一名学员记录授课的情况，形成《培训纪要》；

（2）适时安排实操，以更好地掌握培训内容；

（3）培训结束后，将培训大纲、讲课 PPT、《培训纪要》等资料放在公共盘中存储起来，作为今后工作中的培训学习共享资料；

（4）年底将本年度各次培训的资料打印装订成册，以供班组日常学习和新员工培训。

（四）培训考核与评价

（1）每次培训结束后，由授课老师对参培员工进行考核，考核合格的学员将培训课时记入个人培训记录；

（2）以调查问卷的方式对授课老师和培训效果进行评估；

（3）年底评选"优秀学员"、"进步奖"、"最佳讲师"、"精品培训课"，并给予相应奖励。

二、金点子实施效果

通过实施以"全员参与，自我培训，共同提高"为主题的班组培训活动，信息部电网自动化分部系统开发及维护班职工的工作态度有了新面貌，学习能力、创新能力和交流能力有了很大提高，员工队伍的技术结构趋于合理，专业知识水平普遍提高一个等级。

案例特点

充分发挥了班组员工的优势和特点，流程目标清晰，人员责任明确，激励措施到位，在班组实行可操作性强。

拓展案例二

学 员 变 老 师

所属类别：人人为师培训
案例级别：拓展案例
案例单位：超高压输电公司天生桥局
实施班组：天生桥换流站运行一值

一、金点子实施情况

天生桥换流站运行一值员工流动较快，同时班组人数较少，工学矛盾突出，班组培训压力较大。为了充分利用各种培训机会，让更多员工迅速提升技术技能，运行一值开展了"学员变老师"的培训活动，其具体实施情况如下：

（一）培训需求分析及计划制订

班组对照各岗位需掌握的知识、技能列表，按照"缺什么，补什么，学什么，用什么"的原则，通过座谈、访谈、问卷调查等形式，调查员工培训需求，制订培训计划。

（二）分配培训任务

根据拟订的班组培训项目，组织班组人员讨论，分配培训任务，组织班组技术骨干根据培训任务编写培训讲义、课件，拟订教学目标、考评措施。

（三）按计划开展培训

根据培训计划安排班组技术骨干对班组员工开展培训，再安排一位被培训人员就原来的培训内容中某个或全部内容自己编写讲义、课件，在班组内开展二次培训。同样，外出培训学习后，受训者在班组内必须开展相应的二次培训。通过这种学员变老师的方式，加大了受训者的压力和动力，提高了学习效率，实现了资源共享。

（四）二次培训的评估

（1）由班组成员对讲课内容提问，讲课老师解答，检测其对讲授内容的掌握程度及应变能力；

（2）由该课件的原创者对其讲授过程进行点评，指出优点和不足；

（3）开展培训现场技术问答，互相提问，共同解答，共同提高。

二、金点子实施效果

（1）外出学习后的二次培训，使得培训成果共享，避免了重复投资，缓解了员工离岗学习的工学矛盾。

（2）"学员变老师"的培训方式提升了班组人员的技术、技能水平，保持了班组的总体技术实力，同时储备和输出了人才。三年来，共有 8 人离开了班组到更高的岗位，班组成员在参加的各种技术技能比赛中也获奖颇丰。

（3）丰富了各种培训资源。培训形成的各种培训教案、讲稿、技术问答等资料，为继续保持班组工作经验传承起到了积极的作用，其中很多内容被《高压直流输电现场实用技术问答》一书所采录使用。

案例特点

通过二次培训，使学员变老师，增加了学员的学习积极性，培训效果突出，培训流程清晰，方式灵活，适用性强。

拓展案例三

人 人 当 老 师

所属类别：人人为师培训
案例级别：拓展案例
案例单位：云南电网公司红河供电局
实施班组：个旧集控站

一、金点子实施情况

（1）结合本站实际制订合理的年度培训计划，召开全站员工大会，统一思想认识，对"人人当老师"活动进行周密的计划和安排，要求全员参与技术培训和授课工作，授课人要加强学习、精心准备和搞好技术培训。

（2）制订详细的培训计划，授课老师提前将所要讲课的内容做好课件，每周进行一次技术讲课，讲课时采用互动的学习方式。

（3）当授课老师讲完后，参与学习的员工分别进行发言或讨论，发表自己对所讲问题的见解和补充，并由技术负责人或站长进行最后的讲评，如所讲问题还有本站人员未能解决的，由技术负责人或安全员负责向站级人员进行请教，直到问题解决并反馈给每位员工。

（4）每位员工学习后通过站内每月出题对所讲的内容进行综合考试，一次考试不合格进行一次补考，补考仍不合格者将考试成绩纳入绩效管理，进行30%的考核。

二、金点子实施效果

通过开展"人人当老师"活动，全站员工的技术业务水平有了很大提高，如过去部分员工存在的填写"两票"不够熟练且漏洞多，不会使用安全用具或使用不规范，不会从保护装置调看、打印事故录波报告及事故记录等问题都得到了解决，而且员工也在授课的过程中提高了自身的表达能力和沟通能力。

案例特点

全员参与，强调基础，采用互动的方式，结合实施一定的考核，有效地促进了员工技能的提高，简单易于推行。

拓展案例四

我 讲 我 们 听

所属类别：人人为师培训

案例级别：拓展案例

案例单位：广西电网公司柳州供电局

实施班组：变压器班

一、金点子实施情况

变压器班是一个典型的生产一线检修班组，班组人员学历水平、技能技术等级参差不齐，工龄差距大。在工作中，骨干员工动手实践能力强，工作效率高；而新员工大多停留在理论阶段，不熟悉操作流程。原班组传统的"你讲我们听"教学培训形式，学员和培训教师之间无法进行有效互动和交流，学习效果不理想。面对这种现状，变压器班开展"我讲我们听"的培训活动，其具体实施情况如下：

（1）根据班组管辖设备的实际情况和培训员工的真实需求，培训教师精心制订培训计划，培训内容涵盖变压器检修的各个方面。

（2）在前期准备中，教师注重与学员的交流，从培训内容、培训重点、培训要求甚至是参考书籍的选择等都与学员进行了沟通，从各个方面地指导学员做好预习和学员上台讲课准备，使学员的讲课不偏离培训的方向。

（3）在授课过程中，学员每人上台讲授一个知识点。

（4）在学员讲课结束后，培训教师就学员们讲课的过程、方法和知识的正确性进行点评。

（5）在整个培训工作结束后，培训教师就培训内容、培训要求和学员们掌握知识的情况进行一次理论和实操的考核，并从中分析学员的理解情况和培训工作的优缺点。

二、金点子实施效果

（1）"我讲我们听"使培训参与双方由原来的单一讲授变成现在的双向互动，教师能够通过听课收集到学员普遍存在的问题和错漏点，而其他学员通过反复的讲课，也能加深对培训知识的印象，并对授课人的讲解进行思考，提高了对知识的理解力。

（2）从培训教师给予学员富有针对性的点评中，学员可以准确地填补自己在培训知识点上的缺漏，同时还通过对学员理解误区的答疑，有效地帮助学员形成正确的知识体系，培养富有逻辑的思维方式，大大提升了培训效果。

（3）员工技能提升效果明显。对变压器结构、有载开关机构箱、互感器及常见故障处理等实际操作，都已基本掌握甚至完全掌握。

案例特点

通过学员的讲课来发现学员的薄弱点，调整相应的教学内容，培训针对性更强。同时，学员通过讲课提高了自己的组织、沟通和逻辑思维能力。

拓展案例五

轮 流 当 教 员

所属类别：人人为师培训
案例级别：拓展案例
案例单位：云南电网公司怒江供电局
实施班组：兰坪变电站

一、金点子实施情况

兰坪变电站对全站 10 名员工进行了技能素质摸底，从员工应掌握的 11 项基本技能来看，掌握程度平均为 50% 左右。针对这种情况，兰坪变电站的全体员工在站长及副站长的带领下，认真分析，精心策划，寻找对策，结合实际，实施了"轮流当教员"的培训活动，其具体实施情况如下：

（1）制订和落实培训计划。站长将变电站的所有设备根据值班员的各自的专长进行详细分配，结合当月的工作任务制定月度培训计划，让值班员按计划进行讲课，并对培训过程进行督查。

（2）进行培训总结、评估。每次培训结束后，在培训中讲得不全的地方，再由站长、副站长或技术员进行补充说明，认真梳理培训的知识，做好总结，并对本次培训进行点评。

（3）建立相应的考试、考核及激励制度。每季度组织一次培训考试测评，以检测值班员对本季度培训知识的掌握程度；每半年开展一次岗位知识竞赛活动。

（4）根据评估情况，实施不同类别的奖惩。在每季度考试中成绩突出、进步较快的值班员，进行表彰和物质奖励；每年开展技能竞赛和技能比武中获得一等奖的员工，优先选拔专业技术带头人，优先享受外出学习、培训的机会，并给予相应的物质奖励。对每次考试最后一名的值班员要求写一份思想总结。

二、金点子实施效果

自开展"轮流当教员"活动以来，怒江供电局兰坪变电站10名员工的技能水平有了明显的提高。例如，倒闸操作、事故处理、操作票填写、工作票办理等技能的掌握程度，从原来的52％、40％、52％、48％提高到100％、95％、100％、100％。

案例特点

通过全员轮流当教员的培训方式，培训针对性强，贴近实际工作，奖励及时，效果显著，可操作性强。

拓展案例六

人人来上课

所属类别： 人人为师培训
案例级别： 拓展案例
案例单位： 广西电网公司南宁供电局
实施班组： 调度管理所远动班

一、金点子实施情况

远动班工作范围大，工作任务重，人员严重不足，年龄差距大，全班掌握全面技能的员工较少，管理的设备也比较复杂。针对这些实际困难，有效的办法之一就是全班人员取长补短，开展"人人来上课"的培训活动，大家轮流当老师，把知识和技能进行共享，相互学习，共同提高，其具体实施情况如下：

（1）展开培训需求调查，根据调查结果确立培训计划。

（2）对员工技能进行综合分析，根据个人特长进行有针对性的布置培训任务。例如，培训任务要结合班组当月的工作任务进行安排和布置，培训要采取理论和实践相结合的方式进行培训。

（3）对于准备讲课的班组员工，应在工作安排上给予一定的照顾，由员工独立完成资料收集、课件制作等备课工作。

（4）根据培训计划，逐项实施培训。轮到的班组员工应根据自己的特点采用课件讲授、实物演示、案例分析等多种方式给大家上课。

（5）班组员工参加外出培训项目后，在班组中要开展二次培训，将培训获得的资料、课件、自己记录的笔记和心得与全班员工一起分享。

（6）主管领导、班长对于上课的内容是否正确、完整进行讲评，大家也可以进行讨论，提出疑问，要讲课者回答。

（7）每个班组员工在培训之后，都要在培训记录本上记录培训内容（包括步骤和需注意的事项等），让培训记录本成为今后在工作中遇到疑难问题的宝典。

二、金点子实施效果

通过"人人来上课"活动的开展，远动班全体员工的技能水平有了一定的提升，只掌握一项技能的员工已不存在，员工至少都掌握了两项技能，加快了复合型人才的发展步伐。提高了整体应对事故和异常情况的处理能力及反应速度，提升了自动化系统的安全运行水平。

⚖️ 案例特点

人性化开展专题培训活动，通过取长补短的方式，使员工个人知识、技能水平全面发展，效果明显，实用性强。

拓展案例七

悬赏求师，揭榜讲授

所属类别：人人为师培训
案例级别：拓展案例
案例单位：广东电网公司江门供电局
实施班组：开平电力调度通信中心自动化班

一、金点子实施情况

自动化班面临两大困难：一是运行维护、技改大修工程任务繁重，二是员工业务素质差异较大，因此对员工采用了"悬赏求师，揭榜讲授"的培训活动，其具体实施情况如下：

（一）确定培训内容

根据班组员工的个人培训计划，统计大家的培训需求，统筹班组的培训计划，每月选择半天时间进行培训。每次培训结束后通知大家下次培训的时间，让大家根据班组培训的计划以及自己的专长选择授课的内容。

（二）"悬赏"求师

对于一些需求大但又没人讲授的课题，班组将问题提出来"悬赏"，鼓励部分班员通过自我学习掌握该课题后担任讲师。要求讲师讲授一定要有针对性、实用性，以近期工作的实例进行讲解。

（三）"揭榜"讲授

任何班组员工都可以担任主讲人"揭榜"讲授悬赏的课题，主讲人必须对授课内容、实例讲解和解疑考虑周全，充分收集相关资料。

（四）授业讲课

在每月一次的班组培训日，主讲人进行授课，培训方式多样，学用结合，交流互动。

（五）效果巩固

在每次讲授课程结束后，将授课题目和主要内容，包括重点疑问和解答记录在案，装订成册，作为班组内部培训的"教科书"，同时也是方便查阅的快速操作指南。

（六）激励措施

班组对给予"揭榜"者、授课效果明显的班组员工及进步较快的员工进行奖励，适当提高其当月绩效考核分数。

二、金点子实施效果

通过班组开展"悬赏求师，揭榜讲授"的培训活动，由于培训本身具有很强的针对性和实用性，给员工印象深刻，因此知识点容易消化和吸收。通过授课，又共享了各人所长，实现专业知识互补，取长补短，均衡发展，有效地提高了班组整体素质，并通过实施一定的奖励，促进班组形成了良好的学习氛围。

案例特点

"悬赏求师，揭榜讲授"培训方式操作起来，简单明了，"揭榜"讲授的形式新颖，能较大程度地调动班组员工的学习积极性，易于推行。

拓展案例八

手牵手和谐互助

所属类别：人人为师培训
案例级别：拓展案例
案例单位：广西电网公司桂林供电局
实施班组：计量中心校验班

一、金点子实施情况

桂林供电局计量中心校验班结合岗位实际，以"为用电客户提供更专业、优质的服务，圆满履行中国南方电网公司优质服务承诺"为抓手，开展了"手牵手和谐互助小组"的培训活动，其具体实施情况如下：

（一）实施步骤

（1）班长根据班组员工所掌握技能结构、技术水平、工作作风等因素综合考虑，把员工结成 5 对互助小组，以年为周期，下一年度重新调整组合。

（2）每月 26 日前，班组培训员根据年度培训计划分解制订出下月详细培训计划、实施方案，提交班长审核。

（3）互助小组成员根据培训计划进行自学，大家相互交流，小组解决不了的疑难问题再及时向培训员或班长反馈。

（4）班长及培训员根据小组反映的问题进行准备，或邀请计量专责、首席员工，利用班组学习时间集中进行有针对性的答疑讲解。

（二）评比考核

（1）培训员每月末对各小组学习情况进行汇总评比，对于不足之处，要求小组下月末前完成整改，班长及培训员对整改效果进行抽查。

（2）每季度末进行一次技能比武，检验阶段培训效果。由计量专责和电能计量首席员工负责出题，分为笔试和实操两项内容，每项各占 50 分。

（三）激励措施

班组参照《客户服务中心绩效（联责）考核办法》制定《校验班组员工绩效考核办法》，对班组员工进行绩效考核，考评总分将作为年度员工考核评价的重要依据。

二、金点子实施效果

通过这项活动的开展，大家相互交流学习、取长补短、对比查找和改进自身不足，不仅在班组中营造出一个良好的学习氛围，同时也增强了团队协作的意识，班组成员的学习积极性、工作自觉性均得到了大幅提升，员工的综合素质明显提高。

案例特点

培训组织较为系统、规范，考核评比与激励措施很好地支持了培训活动的开展，通过团队协作的力量缩短了员工间的差距。

拓展案例九

结 对 子 帮 扶

所属类别：人人为师培训
案例级别：拓展案例
案例单位：海南电网公司海口供电公司
实施班组：变电运行所220kV东路变电站

一、金点子实施情况

220kV东路变电站针对各项任务日渐加重、人员严重不足、技能相对单一、工作缺乏积极性的情况，根据员工个人技能发展的特点，在自愿互助的基础上，开展了"结对子帮扶"的培训活动，其具体实施情况如下：

（1）对站内员工应知应会情况进行了摸底工作，其统计如表1-10所示。

表1-10　　　　　员工应知应会情况摸底统计表

技 能 项 目	掌握程度
一次设备的结构及原理	65%
倒闸操作及运行监视	70%
事故处理及运行分析	68%
电气二次回路原理及接线	45%
站用电的非正常运行方式及运行中的注意事项	70%
直流系统的非正常运行注意事项及维护方法	64%

（2）将本站员工的技能现状和岗位技能要求逐一比照，查找员工差距，明确员工培训的目标和要求。

（3）根据本站员工的技能现状和培训需求，进行科学合理的搭配，建立起快速提高技能的一对一的"结对子"帮扶项目，让站内每个人既是培训他人的老师，又是被他人培训的学生，互相施教互相学习。

（4）为使活动达到预期目的，提高运行人员的知识水平和操作技能，要求搭配成对的每组员工签订《结对子帮扶技能传授合同》，明确结对子帮扶双方的责任与义务。

（5）按照合同及需求内容制订培训计划，并逐项进行实施。在实施过程中，确定各结对子负责人，对全过程进行监督。

（6）制订相应的管理办法和激励机制，以一季度为一阶段开展培训评估及培训效果的认定，鼓励员工学有所得，鼓励人才流动。

二、金点子实施效果

（1）从"结对子帮扶"活动开展以来，员工的技术知识、技能水平和综合素质都有了进一步的提高，其活动前后员工技能掌握情况对比如图1-12所示。

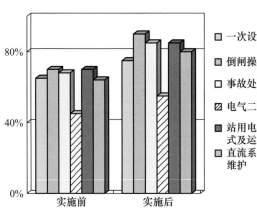

图1-12　活动前后员工技能掌握情况对比图

（2）员工工作之时已能够主动地进行自我补充，互相交流，工作和学习的积极性也有了明显改善。

案例特点

　　"结对子帮扶"培训方式能够增进同事感情，建立和谐的工作学习氛围，致使帮扶双方共同进步。

拓展案例十

班组互助消除习惯性误区

所属类别：人人为师培训

案例级别：拓展案例

案例单位：贵州电网公司贵阳供电局

实施班组：输电管理所运检一班

一、金点子实施情况

为了查找、解决班组工作中极易忽视的、人员在工作中一些非常细微的小毛病，班组首先通过邀请外部老师傅或者车间技术人员进行监督指导，查找、发现和存在的问题，然后进行认真讨论、分析和研究改进措施，即开展了"班组互助消除习惯性误区"的培训活动，其具体实施情况如下：

（1）自查本班情况，确定需要外聘老师检查指导的工作项目。

（2）寻找有关专家，与专家充分沟通本班具体情况。

（3）邀请老师到班组，对本班组工作进行监督、检查和查找问题，提出改进意见和建议。

（4）班组针对老师查找出的问题、意见和建议，组织全体员工认真讨论、分析和研究改进措施，并严格执行和实施。

（5）建立奖惩机制，对发现问题但未能及时整改的，视情节和态度进行考核，对于提出问题的老师给予奖励。

二、金点子实施效果

（1）采用了引进监督老师的方法以后，可以发现平时很容易忽视的问题，提升了班组的整体水平。

（2）促进了班组员工主动去分析问题、发现问题的积极性，自我检验，自我完善。

（3）促使班组员工主动地去学习掌握电力安全和技术知识，使学习效果大大提高，从以前的计划性被动学习，转变到随时随地地主动学习。

案例特点

本案例将"人人为师"的范畴由内部成员扩大到外部专家，通过主动引入外部监督，查找自身工作细节问题，同时促使班组人人参与分析问题、解决问题和提高学习的积极性。

拓展案例十一

团队协作，共同进步

所属类别： 人人为师培训

案例级别： 拓展案例

案例单位： 广东电网公司佛山供电局

实施班组： 变电一部检修六班

一、金点子实施情况

检修六班为改善班组缺少符合自身的团队理念、部分员工尚未接触过 500kV 设备、工作能力参差不齐、整体工作能力偏低的现状，开展了以班组技术骨干为领头雁的"团队协作，共同进步"的培训活动，其具体实施情况如下：

（1）检修六班以"认真工作只能把工作完成，用心做事才能把工作做好"的精神理念为班组团队建设中心，端正班组每位成员的工作态度，提高成员的职业素质，要求班组员工以作为检修六班班员为荣，尽力去维护班组的荣誉，认真对待每项工作，做到设备逢停必检、逢检必查缺陷根源，从根源找出处理缺陷的方法，做到每项缺陷处理完善，避免设备重复停电。

（2）检修六班班长有 20 年的检修工作经验，技术能力过硬，是检修六班乃至检修分部的技术专家，深受检修人员拥戴，以他作为领头雁，班组员工心服口服。

（3）各位班组员工根据自己与班长的技术能力差距，查找自己的能力短板，形成班组员工技术能力档案，同时班长通过对班组员工日常工作表现的观察，进行补充修正。

（4）由班长根据每个班组员工的能力短板，形成有针对性的个人培训计划。

（5）多种形式，开展深度细化培训。

1）班长利用班组现有工器具及备品等条件，在日常班组培训中对班组员工进行针对性培训。

2）在现场工作时，工作前班长应先对工作难点进行技术讲解；工作中各班组员工注意观察班长的工作细节，进行学习；工作完毕后，再由班长进行疑问解答和总结。

3）对于个别班组员工技术薄弱的部分，班长会安排他进行此项工作，自己亲自在旁进行监督及协助，纠正其检修工作姿势及动作。

（6）检验及修订培训计划，持续提高培训效能。每季度，班长对班组员工水平进行再度评估，从而修订培训计划，保证班组员工全面提高，共同进步。

二、金点子实施效果

通过领头雁的"团队协作，共同进步"的培训方式，检修六班员工的技能水平有了一定程度的提高，全班组员工都持有高级工及以上职业资格证书，其中技师2名，并在各类技能比武竞赛中屡获殊荣。

案例特点

大雁精神的"团队协作，共同进步"的培训法强调了团队协作精神，讲究实效，方法独到，可操作性较强，便于推广。

第二部分　案例培训

　　案例培训是一种以案例分析为特征的培训方式，通过运用典型案例，组织培训对象进行讨论、研究和分析，实现理论和实际相结合，迅速获取相关知识和提高能力的一种培训方法。

　　案例培训具有实践性、真实性和典型性的特征。案例为学员提供讨论、分析和解决问题的特定场景，让参训人员通过对这些案例的回顾与分析，以及共同讨论，促使他们进入特定的情景和过程，并建立真实的感受和寻求解决问题的对策与方案。

　　案例培训的核心是以案晓理、以案论道、以案传情，使抽象的理论具体化，使具体的个案理论化。案例培训方式通过提炼企业内部典型案例，有利于学员进入"角色体验"和"情境体验"，从而提高学员在实际工作中分析问题和解决问题的能力。

　　案例培训可分为案例的收集与整理、案例的分析与解答、案例的交流与总结三个环节，一般可按照收集材料、整理案例、分组讨论、组织交流、互相点评、跟踪改进等步骤展开。

　　案例培训是一种富有生命力的教育培训模式，在企业的班组培训中得到了广泛应用。

以工作监控录像为教材培训员工和指导业务

所属类别：案例培训

案例级别：典型案例

案例单位：广东电网公司深圳供电局

实施班组：布吉供电所营业厅

一、班组基本情况

班组基本情况，如表 2-1 所示。

表 2-1　　　　　　　　　班组基本情况表

班组名称	深圳龙岗供电局 布吉供电所营业厅班		主要业务		收费、报装、 变更与咨询	
平均年龄	34	班组人数	22			
人员学历 结构	本科 以上	人数	5	专科 以下	人数	17
		比例	23%		比例	77%
人员技术（技能） 级别结构	技术等级	高	人数	0	比例	0
		中	人数	1	比例	4.55%
		低	人数	1	比例	4.55%
	技能等级	高	人数	17	比例	77.27%
		中	人数	3	比例	13.63%
		低	人数	0	比例	0

二、金点子实施背景

营业厅是供电企业直接为客户提供用电业务咨询和办理的窗口，也是供电企业面向社会的形象窗口。布吉供电所营业厅的硬件环境及员工业务技能水平已经基本达到客户及社会的需求，但员工在工作的过程中往往容易忽略自己的一些细节表现，因此可能会影响到营业厅的服务质量。在优质服务理念不断深入的今天，这与深圳供电局创建国际先进水平供电企业目标的要求还有一定差距。为此，加强精细化管理，提高优质化服务，布吉供电所营业厅开展了"以工作监控录像为教材培训员工和业务指导"的培训活动。

三、金点子实施情况

（一）培训创意

利用工作中录像记录下的点点滴滴，使员工在工作过程中容易忽略的细节暴露出来，通过回放工作过程录像，可以让员工从另外一个角度看到自己的工作过程，能更好地"看"清自己，直观地发现自身的不足。同时，通过"以工作监控录像为教材培训员工和业务指导"的互动式培训，查找整个团队在工作中的长处与缺点。

（二）培训实施

1. 前期准备

视频剪辑软件、培训会议室及配套的电脑、音响及投影设备等。

2. 配套制度

制订 PDCA 闭环管理机制及配套奖励与惩罚规定，纳入绩效考核。

3. 实施步骤

（1）定期拷贝剪辑好的视频给员工观看，通过回放自己的工作过程录像，让员工从另外一个角度看到自己的工作过程，直观地发现自身细节上的不足，如图 2-1 所示。

（2）选取优质服务案例视频进行示范性培训，以树立正面学习榜样，并作为评选"优质服务明星"的依据。

（3）选取客户不满的服务案例视频进行警示性培训，让员工吸取案例教训，举一反三，引以为戒。

图 2-1　定期拷贝剪辑好的视频给员工观看

（4）班组长定期组织召开座谈会，点评案例中的突出点，分析案例中的不足，指出服务过程中的关键点；抽取视频片断，进行集体查找错误或不足的抢答游戏和"假如我是当值营业员"的现场表演等。

（5）对开展的各项培训情况进行记录，作为绩效考核及"优质服务明星"的评选依据，对被评为榜样的视频主角或座谈会上表现优秀者给予奖励，如图 2-2 所示。

四、金点子实施效果

（1）通过开展"以工作监控录像为教材培训员工和业务指导"的培训活动后，员工得以从另外一个角度看到自己的工作过程，能更好地"看"清自己，直观地发现自身的不足，达到不断改进、不断提升的效果。

（2）通过全体员工参与该培训活动，可查找出整个团队在工作中的优点与缺点，员工之间相互取长补短，使整个团队的服务素质有了很大的提升。

受客户书面或电话表扬一次

当月绩效 +5 分

贵所的××同志今天给我解决了大难题，一定要表扬奖励！

图 2-2　优质服务明星给予奖励

（3）开展该项培训活动后，营业窗口的优质服务水平得到了上级部门及广大用电客户的一致好评。

五、金点子应用注意事项

（1）运用中要注意使用较高像素的摄像机，并注意保证声音的清晰度。

（2）采用反面案例教材时要注意保护员工的自信心和自尊心。

案例特点

以己为镜，完善自我，在班组中实施可以实现团队素质的整体提高，达到培训的最佳效果。

资料链接

1. 管理制度

营业厅绩效奖罚条例

1. 自座谈会班长点评要求起，一个月内未达到要求者当月绩效扣 5 分，两个月内仍未达到要求者除第一个月绩效扣 5 分外，第二个月绩效加扣 10 分；

2. 通过观看自身的工作录像，能主动地发现自身不足并在座谈会中指出改正者，当月绩效加 5 分；

3. 座谈会发表体会表现积极者当月绩效加 2 分；

4. 座谈会中按要求进行案例演示时未能达到要求者，当月绩效扣 2 分；

5. 被评为优质服务案例者，当月绩效加 10 分；

6. 通过检查工作录像，被发现严重违反营业员管理条例而被选为反面案例者扣当月绩效 10 分；被上级部门通过视频抓拍通报者当月绩效扣 20 分；

7. 被发现未主动引导客户评价者，一次当月绩效扣 1 分；

8. 未打开评价器供客户评价者，发现一次当月绩效扣 5 分；

9. 着装或仪容方面不规范者，发现一次当月绩效扣 2 分；

10. 个人举止不规范者，发现一次当月绩效扣 2 分；

11. 没做好上岗前准备者，发现一次当月绩效扣 2 分；

12. 没按要求做好交接班者，发现一次当月绩效扣 2 分；造成严重后果者（引发营业差错或投诉），当月绩效扣 20 分；

13. 办理业务时没做到规范要求的，当月绩效扣 2 分；

14. 受客户电话或书面表扬 1 次者，当月绩效加 5 分；

15. 取得当月客户满意度在本营业厅排名前三者，当月绩效加 3 分；区局排名前三者加 5 分；市局排名前三者加 10 分；

16. 取得市局"优秀明星服务明星"者，年终绩效加 10 分；取得省网"优秀明星服务明星"者，年终绩效加 20 分。

2. 活动图片

班组开展"以工作监控录像为教材培训员工和业务指导"培训活动座谈会，如图 2-3 所示。

图2-3 班组开展"以工作监控录像为教材
培训员工和业务指导"培训活动座谈会

拓展案例一

图片化安全培训

所属类别：案例培训
案例级别：拓展案例
案例单位：广东电网公司江门供电局
实施班组：变电部新会分部

一、金点子实施情况

为取得安全培训的最佳效果，结合现场和课堂培训的优点，改变原有的模式，实施图片化的安全培训，使得安全培训身临其境，更容易领悟工作的重点，掌握所需的知识和技能，即开展了"图片化安全培训"的活动，其具体实施情况如下：

（1）工作班成员轮流担任值周安全员，这样工作中的危险点由不同人层层把关，最大程度上发现安全隐患。

（2）值周安全员履行安全监护职责的同时，随时随地用相机或手机将工作中的一切与安全相关的人、设备等拍摄下来。

（3）图片归类整理。由值周安全员将一周的安全图片收集，并进行归类整理，同时根据收集到的图片制定相应的讨论主题。

（4）图片讲解。由值周安全负责人来根据不同的图片进行讲解。

（5）全体成员对事先制订的主题进行分析、讨论。

（6）对多次出现违章行为的班员，班组内部进行有针对性的安全教育，及时纠正违章行为。

（7）按每月、每季度以及年度安全总结，挑选出最具警示性的照片，贴到班组公告栏上。

（8）将讨论提出的问题和建议进行记录，并与相关图片一

班组培训金点子 第二部分 案例培训

起保存，整理成安全培训资料库，便于新员工学习或班组一级学习交流。

二、金点子实施效果

（1）图片式安全培训的开展，有效地减少了违规现象，基本上杜绝了安全隐患，大大提高员工的安全意识，使工作更有效率、更加安全。

（2）图片式安全培训活动激发了员工参与安全活动的兴趣性与积极性，使全体班组员工认清自身、改善自我，认识到工作中的安全隐患、危险点。

（3）创建了相应的安全培训资料库，为部门的规范化工作提供了大量图片素材，并积累了丰富的培训资源。

案例特点

"图片式安全培训"方式拓展了传统安全培训的思路，通过直观的学习培训，有效提高了班组员工学习的积极性，易于接受和掌握。

拓展案例二

图片化现场缺陷处理培训

所属类别：案例培训

案例级别：拓展案例

案例单位：广东电网公司江门供电局

实施班组：输电部电缆班

一、金点子实施情况

针对班组人员在电缆现场的缺陷辨识等实践方面缺乏相关知识和技能的问题，为全面提升电缆运行维护水平，开展了"图片化现场缺陷处理培训"的活动，其具体实施情况如下：

（1）培训前准备所需的硬件资源，如数码相机、电脑、投影机等。

（2）建立制度，制订培训实施流程和激励措施。

（3）实施步骤，如图 2-4 所示。

二、金点子实施效果

（1）在培训过程中，通过将缺陷照片重放，让员工特别是新员工做分析判断，以互相交流的方式进行学习，有效提高了班组成员辨识缺陷水平的能力。

（2）通过日常的图片积累，形成了班组的缺陷图片库，丰富了班组的教育培训资源。

⚖ 案例特点

以读图作为员工技能培训的方式，具有直观效果，使受训人员易于领会、掌握该项工作要点，可在电力企业多个专业类别的培训中推广应用。

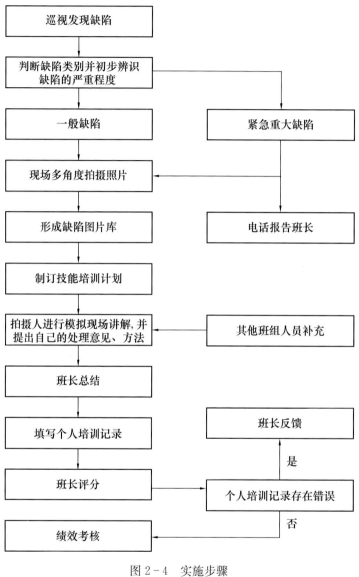

图 2-4 实施步骤

拓展案例二 图片化现场缺陷处理培训

我的"形象镜"

所属类别：案例培训

案例级别：拓展案例

案例单位：广东电网公司深圳供电局

实施班组：市场及客户服务部信息客户处理班

一、金点子实施情况

深圳供电局市场及客户服务部信息客户处理班以工作视频录像为材料，整理出丰富、生动的培训素材，以典型素材为案例，实施以"我的'形象镜'"为主题的常态化培训活动，其具体实施情况如下：

（1）班组管理员每月初根据上月话务工作情况，确定本月的培训主题。

（2）班组管理员根据培训主题搜集相关视频及录音素材，为现场观摩学习做好前期准备工作。

（3）培训负责人组织 95598 坐席员共同观摩学习相关的视频及录音。在学习过程中，要求坐席员对每段视频或录音进行点评；培训负责人进行培训总结，评选出表现突出的坐席员。

（4）培训负责人将观摩培训中总结出的规范行为及易发生的不规范行为进行记录整理，供员工在日常工作中对照学习。

二、金点子实施效果

实施培训后，班组的现场管理、仪容仪态、服务用语、服务技巧等都有了较大提高，绩效考核平均成绩大幅提升，整体成绩均达到良好及以上。

⚖ 案例特点

一面形象镜就是一部生动的教材，采用直接对比的方式实施培训，可促进员工和班组的快速进步。

第三部分 体验式培训

班组培训金点子

体验式培训是指让员工在日常工作活动中，担任不同的岗位、参与不同的角色或者承担不同的任务，使员工感受到不同的责任和义务，从而形成自我加压、自觉学习的氛围，达到提高员工的技术业务水平，塑造良好的个人与集体关系，以个人素质的提升促进班组良性发展的目的。

体验式培训以学员为中心，需要学员主动参与并全身心投入，亲身体验获取所需的知识和技能，并运用到实际工作中去；同时培养参与者的团队精神、协作精神、责任意识及感恩意识等品质。

体验式培训主要通过明确体验任务，学员通过自身努力完成相应任务，培训师对学员完成情况进行点评并分享学员的个人感受等几个环节来实施。

体验式培训具有很强的互动性、趣味性和可操作性，适用于企业的班组培训。

十五个一全方位体验式培训

所属类别：体验式培训
案例级别：典型案例
案例单位：贵州电网公司遵义供电局
实施班组：南白变电站

一、班组基本情况

班组基本情况，如表 3-1 所示。

表 3-1　　　　　　　　　班组基本情况表

班组名称	南白变电站		主要业务		变电运行	
平均年龄	34.3	班组人数	11			
人员学历结构	本科以上	人数	2	专科以下	人数	9
		比例	18.1%		比例	81.8%
人员技术（技能）级别结构	技术等级	高	人数	0	比例	0%
		中	人数	0	比例	0%
		低	人数	5	比例	45.5%
	技能等级	高	人数	1	比例	9%
		中	人数	5	比例	45.5%
		低	人数	2	比例	18.1%

二、金点子背景

南白变电站建成投运之初，设备管理、技术管理和各类规章制度不完善，值班人员来自不同电压等级的变电站，缺乏综合自动化变电站的运行经验，对设备的性能掌握不够，运行中出现的问题不能准确判断；同时来自各个变电站的值班人员所接受的变电站管理模式和学习风气都不一样，管理和思想上缺少一个共同点。因此，为提高变电站的安全生产管理水平和员工的综合素质，班组开展"以十五个一为核心"的个人体验学习（即"十五个一全方位体验式培训"）活动。

三、金点子实施情况

（一）个人"十五个一"体验式学习

1. 体验一次技术讲课

（1）站内人员按照拟订的培训计划轮流讲课，技术员则组织有针对性的讲课，并帮助其他讲课人完成讲课任务；

（2）要求在讲课前出好试题，讲课完毕后进行主考和改卷、评卷；

（3）要求有讲稿，讲稿注明讲课起止时间、地点、讲课人、讲课内容和考试试卷、考试成绩单，以构成一次完整的技术讲课培训，这些资料应装订成册。

2. 体验组织一次反事故演习

（1）如图3-1所示，员工轮流担任演习主持人，在每次演习前做好精心准备，根据本站的运行方式，设计好事故的现象、保护动作情况以及处理步骤；

图3-1　体验组织一次反事故演习

（2）演习过程中，参加演习人员按照事故实际发生时的情况处理；

（3）演习结束后，所有人都要参与本次演习的总结和评价；

（4）主持人和演习人员应做好记录。

3．体验一次运行分析

（1）按月轮流每人组织一次运行分析，针对运行中出现的问题进行总结，提出整改措施和建议，内容包括本站安全生产、设备状况、事故、重大缺陷以及"两票三制"执行情况等；

（2）可分为综合分析和专题分析，必须认真填写有关记录。

4．体验一次竞聘考试

站内人员按照变电管理所要求，参加每年变电管理所举行的竞聘考试。

5．体验一次互助学习

以2～3人为一组，相互交换需要帮助的内容，并确定互助的目标，签订互助协议，以6个月为阶段开展工作，结束时对实施的效果要进行评估。

6．体验读一本好书

员工每半年至少要读一本书，并写出心得体会。

7．体验一次检修维护工作

运行人员利用休班的时间，每半年至少参加一次检修维护消缺工作，以增强动手能力和实践能力。

8．体验一次班组生产报表的制作

每人每年必须参与一次月底生产报表的填报。

9．体验当一天安全员

每人轮值当好一天安全员。

10．每月一次技术问答

站内人员根据技术问答题目独立完成，由培训员负责批改，并对完成情况进行简要评估。

11．每年进行一次外出考察学习

根据外出培训计划安排每人每年一次，回站后组织一次全站人员参与的外出学习内容的培训。

12．出一套考试题

根据省公司开展变电运行专业技能竞赛的要求，每人轮流出一套考试题，具体内容包括各类技能培训试题及网公司、省公司、本单位、本站的有关规程规定等。

13．组织一次考试

每月由一名员工组织全站人员进行考试，对考试试卷进行改/阅及讲评。

14．写一篇稿件或文章

运行人员利用业余时间学习相关写作培训，每年至少有一篇论文或稿件发表。

15．主持一次事故预想

每人轮流主持一次事故预想，根据设备运行特点、天气变化、运行方式变更、设备薄弱环节、重要保护任务等情况下可能发生的事故或异常进行假设。

（二）班组"十五个一"学习设置

（1）制定一个考试平均成绩目标，要求班组员工在各类考试中达到。

（2）每月站内开展一次技术抽问。

（3）每月组织一次安全学习和安全检查。

（4）组织一次政治理论学习，学习结束后发表自己的看法。

（5）全员、全过程、全方位参与，完成一个QC管理成果。

（6）每半年更新一次宣传墙报。

（7）每季度提一条合理化建议。

（8）每季度必须完成一件有利于安全的实事。

（9）每季度每人查处一起违章行为。

（10）全员参与学习一条安全生产法规。

（11）每年组织一次设备状态评价。

（12）每次交接班必须组织一次生产记录的相互检查，对有问题的填写在互查记录上。

（13）结合安全性评价工作完成一个危险点控制。

（14）全站人员完成一次安全性评价，根据查评存在的问题进行整改。

（15）结合站内实际情况完成一次事故异常障碍的分析，并制定控制措施。

（三）学习评估

（1）每次学习后全站人员（包括本人）参与评价，评价的结果以分值填入评估表中，分优、良、中、及格、差五个等级。

（2）每6个月进行一次工作总评并公示，工作总评是各项学习总分的平均分数。

（四）学习反思

每次学习评估后，自己必须进行学习反思，将反思内容简要记录在自己的学习反思表内，以便进行改进和下一次学习时比较。

四、金点子实施效果

（1）从"十五个一全方位体验式培训"的活动开展以来，员工自觉学习、自我加压，形成"比、学、赶、超"的良好氛围，从而提高员工的技术业务水平，确保了班组的安全生产。个人素质的提升促进班组的良性发展，班组的良性发展又对个人素质提出更高要求，以此形成了一个良性循环。

（2）本班组已经培养了8名220kV变电值班长、3名站长、2名车间专职、2名车间领导，如图3-2所示。

（3）本班组多次获得全国、全省、省公司等各级学习型组织有关荣誉。

图 3-2　十五个一全方位体验式培训效果

五、金点子应用注意事项

（1）"十五个一全方位体验式培训"活动的执行效果，对班组长的个人素质提出了较高的要求。

（2）"十五个一全方位体验式培训"活动，应该注意拓宽体验的广度，加深体验的深度，保持个人的学习动力。

案例特点

"十五个一全方位体验式培训"是一个针对员工个人和班组全方位、多角度的培训方式，通过有效的运用能达到塑造个人、促进团队良性发展的目的。

资料链接

"十五个一全方位体验式培训"活动图片，如图 3-3～图 3-6 所示。

图 3-3 "十五个一全方位体验式培训"
活动图片——理论技术讲课

图 3-4 "十五个一全方位体验式培训"
活动图片——培训考试

图 3-5 "十五个一全方位体验式培训"

活动图片——互助学习一

图 3-6 "十五个一全方位体验式培训"

活动图片——互助学习二

拓展案例一

人人当值长

所属类别：体验式培训
案例级别：拓展案例
案例单位：超高压输电公司广州局
实施班组：广州换流站运行三值

一、金点子实施情况

超高压输电公司广州局广州换流站运行三值，为了提升班员工作的主动性、大局观和责任感，培养其管理意识和才能，促进班组员工全面、快速地成长，开展了"人人当值长"的体验式培训活动，其具体实施情况如下：

（1）接班管理：在上班前，代理值长应通过查看 MIS 系统等手段对休班期间发生的工作有事先了解，以利于更好地掌握交班值所交代的内容，在此基础上召开班前会，由代理值长分析当班期间需要重点注意的事项和需要重点安排的工作，提出工作方法和落实责任人，同时对本日的值内排班和巡检人员作出安排。

（2）组织督促：根据局和站的管理制度确定并组织本日预期和定期工作的开展，通过跟踪和督促加强对各项工作的落实。代理值长需要在班前会上对站部安排的工作、学习培训工作、每人手上负责的工作作出具体安排，以保证工作的计划性和时效性。

（3）日常管理：在接班后，代理值长应开始全面负责班组内日常工作开展，如巡检、值班、操作、受令和其他上级安排的工作的完成，应就值内的人员对相应工作的熟悉和掌握情况做好人员安排，并做好过程监督，将发现的问题在晚间的班后会上进行总结，提出改进意见。

（4）交班管理及总结：当班的晚上 22 时以后，代理值长召集全值人员一起召开班后会。首先由代理值长根据运行日志总结回顾当班期间的工作，指出巡检、值班、操作、两票等过程的不足或注意点，并提出改进措施；然后各人一起汇报自己当值期间计划工作的完成情况，并开始计划下个值的工作安排，对需要请值内协助的工作提出请求。代理值长根据需要情况安排下个值的预案演练、安全学习、培训主题和责任人员，最后在确定下个值的代理值长后形成班后会记录。如果上个值安排有开展预案演练、安全学习、培训主题，则在班后会后进行。

二、金点子实施效果

"人人当值长"活动使班组的每一位成员的"主人翁"意识得到加强，工作积极性大大加强；促进了培训的开展，学习积极性普遍得到提高；使班组成员的工作分配更加合理，彼此的关系进一步融洽，形成了更加良好的团队氛围。

案例特点

"人人当值长"活动，培训方式简单，易于普遍开展，全员参与度高，实践性强，实施效果好。

拓展案例二

今 天 我 当 家

所属类别：体验式培训
案例级别：拓展案例
案例单位：广西电网公司南宁供电局
实施班组：稽查大队用电检查二班

一、金点子实施情况

南宁供电局稽查大队用电检查二班针对班组年轻员工人数比例较多的情况，为了让班组员工对日常工作有一个更为全面的认识，增强班组员工主人翁的责任意识，实施了"今天我当家"的培训活动，其具体实施情况如下：

（一）前期筹备

（1）对班组人员基本情况进行统计，发现工作年限 10 年以下的班组员工占总人数的 70%，青年员工所占比例较大。

（2）通过分析本班组新老员工年龄及工作年限，针对这些新员工工作经验相对不足的状况，决定采用新老员工交替的体验培训方式。

（二）实施步骤

（1）确定临时班长主要工作内容。

1）根据班组定检工作计划、日常工作各项来函、内部联系单、95598 工单等工作，与正式班长进行沟通协商后制订好本周的每日工作计划。

2）召开班前例会，组织各小组对前一日工作进行总结，对需要讨论的内容进行讨论并确定解决方法，根据计划对当天工作情况进行说明并让各小组负责人确认签字，工作前对安全危险点进行分析。

3）当日工作结束后，组织班组员工对当日的检查工作进行总结，完善营销 MIS 系统中客户资料，及时回复 95598 工单、内部联系单。

4）组织班组员工建立健全各种资料档案，完善各项记录，抓好班组设备管理、班容班貌建设工作。

5）组织班组员工认真学习知识和技能，不断提高班组的知识技能业务水平。

（2）班组成员轮流担任临时班长，履行相应职责，完成上述任务，为期一周。

（3）一周工作结束后，上周临时班长与本周临时班长进行工作交接。上周临时班长在本周第一天例会时做上周工作总结发言。

二、金点子实施效果

通过培训的实施，各临时班长在正式班长的指导下，将班组日常工作安排得井井有条，沉着冷静地应对突发事件，班组员工的个人业务管理能力及统筹安排能力均有了较大的提高，对班组业务有了全新的认识，整个班组管理也得到了进一步规范。例如，在第五届泛珠三角洲论坛特级保供电及中、高考保供电的工作中，各个临时班长积极总结以往经验，采取最优方案，保供电的工作效率、工作质量、人员纪律，都比往年有了明显的提高。

案例特点

让班组员工以班长的身份布置工作，锻炼班组员工分析思考问题的能力，提升个人的综合素质，同时吸收不同班组优秀的管理方法，给原有的班组管理引入了新的工作思路。

轮值副班长主持工作

所属类别：体验式培训

案例级别：拓展案例

案例单位：贵州电网公司安顺供电局

实施班组：计量管理所计量班

一、金点子实施情况

为了增强班组长和班组员工的沟通和理解，通过换位思考，迅速培养团队精神，计量班开展了"轮值副班长主持工作"的培训活动，其具体实施情况如下：

（1）由车间搭建活动平台，部门领导正确引导，员工自愿参与，班组人员报名参与轮值。

（2）参加轮值的人员，上岗前应制订轮值期间的班组管理方案和工作目标，方案应具有创新理念和可操作性。

（3）激励与考核措施：每月组织一次班组建设检查，全面检查轮值副班长主持工作后各项工作开展情况及效果；对于做得不到位的，给予鼓励和指导；对于表现突出的，对班组和轮值副班长给予绩效加分，并给予奖励。

二、金点子实施效果

（1）培训结束后，参加培训的人员部分成长为组长、副班长甚至班长，对其职业生涯的发展有了很大的促进作用。

（2）参加轮值的人员的学习意识、责任意识都进一步增强，平时能够自然地从班组长的角度考虑问题，并主动支持配合，成为班组长的好助手。

（3）每位轮值副班长都为班组发展提出了许多好的意见、建议，为班组管理注入了新的活力，改变了许多班组长期沿袭下来的思维和做法，明显地提升了班组管理水平。

案例特点

互动性强，易于操作，调动员工积极参与管理，增进了了解，加强了沟通，促进班组管理水平得到了较大提高。

轮 岗 培 训

所属类别： 体验式培训

案例级别： 拓展案例

案例单位： 贵州电网公司毕节供电局

实施班组： 城区分局客户中心

一、金点子实施情况

针对班组员工专业单一，缺员时无人顶替的现象，客户中心开展了"轮岗培训"活动，其具体实施情况如下：

（一）根据工作性质确定培训岗位

明确把查勘预算员、用电业务员、电费收费员、95598坐席这四个岗位作为轮岗培训岗位。

（二）制订培训计划，明确培训对象及培训岗位

（1）指定部分用电业务及电费收费员参与95598坐席岗位的培训；

（2）指定部分95598坐席代表参与电费收费员岗位的培训；

（3）指定部分用电业务及95598坐席代表参与用电查勘员岗位的培训；

（4）指定部分电费收费员参与用电业务员岗位的培训，明确采取一对一帮扶的形式进行培训。

（三）明确培训老师

指定本岗位业务技能较强的同志担任老师，培训参加轮岗的人员，采取"谁担任培训老师，谁负责培训实施"的方式进行。

（四）明确培训时间

对指定参与轮岗培训的人员，要求利用休息时间参与指定岗位的培训，培训次数每人不低于 5 次，直到掌握相关技能为止。

（五）进行考试考核

每年年底组织一次业务考试，对本岗位及轮训岗位的业务知识进行检验考核。

二、金点子实施效果

通过实施轮岗培训，在收费高峰期客户中心员工能够及时增补电费收费员岗位，极大地缓解了客户缴费难的现状。目前在客户大厅实现了用电业务、业务收费、电费收费三个岗位的互动，人员休假或请假时，工作安排上比较轻松。

案例特点

轮岗培训，互动性强，实现了员工的一专多能，缓解了人才紧缺的矛盾。

极 限 培 训

所属类别：体验式培训

案例级别：拓展案例

案例单位：贵州电网公司凯里供电局

实施班组：继电保护班

一、金点子实施情况

继电保护工作具有技术含量高、专业能力要求强、责任与电网风险高的特点，对班组员工的文化水平、业务能力、岗位历练有着较高要求，凯里供电局继电保护班针对班组员工中新员工数量较多的情况，结合工作任务开展了激发潜能的"极限培训"的活动，其具体实施情况如下：

（1）继电保护班制定了《继电保护班极限培训管理制度》，并在全班范围内开展"极限培训"活动。

（2）按照《继电保护班极限培训管理制度》要求，班组接到工作任务后，对工作任务能力要求进行分析，填写培训任务单。

（3）根据工作任务要求分析选择能力较弱但通过努力能完成相应任务的班组员工担任工作负责人，承担本项工作任务。

（4）班组安排一名能力强并熟悉本项任务的员工作为任务的指导老师进行全程监督，工作负责人将自己对任务的实施步骤向指导老师进行汇报，接受指导。

（5）工作负责人在指导老师的监督下独立完成工作任务，并就培训进行反馈，指导老师进行评价。

二、金点子实施效果

在实施极限培训后，继电保护班可担任 220kV 及以上变电站工作任务负责人的比例大幅提高，迅速提高了员工的技能水平、工作质量及工作效果。按照目前开展的效果预计，继电保护新员工通过极限培训能在 $2\sim3$ 年内达到 $500kV$ 变电站工作任务负责人的水平，有利于新员工的快速成长。

案例特点

激发潜能"极限培训"的方式，能迅速提高员工的业务能力，大大缩短了新员工成长周期，适用于岗位变动性较大、新员工较多的班组。

班前会轮值经理体验式培训

所属类别：体验式培训

案例级别：拓展案例

案例单位：贵州电网公司遵义供电局

实施班组：客户服务中心

一、金点子实施情况

遵义供电局客户服务中心针对营业厅缺乏标准化的管理和人员服务水平参差不齐的情况，为了改善营业厅的服务质量，开展了"班前会轮值经理体验式培训"的活动，其具体实施情况如下：

（1）将"班前会轮值经理体验式培训计划"纳入到年度培训计划中，每月由营业厅经理拟订"轮值"月度培训计划。

（2）让每位人员体验轮值经理角色，使其既是管理员，又是培训师。通过互换角色，体会不同岗位的职责，增强员工对部门和岗位的认同度，增强主人翁意识和换位思考意识。

（3）在每日班前会中，值班经理可充分发挥自己的长处，有效地结合员工职业愿景，合理分配岗位，激发员工的工作热情。

（4）值班经理根据月培训计划实施培训，同时将前一日工作中存在的问题作为计划外培训内容补充到当天的培训之中。培训围绕营业厅规范化管理的相关内容，把对仪容、仪表检查通报与培训的常态化管理有机地结合在一起，使得培训内容不至于单调枯燥，员工乐于接受。

（5）建立培训评估机制，由值班经理对在岗的每位员工的工作行为进行评估，从"优质服务、劳动纪律、工作业绩、突出表现"等几方面细化考核，并将考核中存在的问题作为第二天的计划外培训内容。同时，考核结果将作为当月绩效考核和上级评先选优的主要依据。

（6）建立每月服务明星评选制度，通过每月对轮值人员的评估，评选一名服务之星，并制作成标示牌放在岗位台上，增强员工的认同感，激发员工的工作热情。

二、金点子实施效果

从开展班前会轮值经理体验式培训以来，班组人员的素质得到很大程度的提升。通过轮岗补差学习，使得班组人员大多数具有多个岗位的技能，个人及班组均取得很多荣誉，实现了个人与团队的共赢。

案例特点

通过角色互换，体验不同岗位的感受和工作，强化换位思考意识，增进理解，激发员工工作热情，增强员工对班组和岗位的认同度。

拓展案例七

"五个一工程"练飞计划

所属类别： 体验式培训

案例级别： 拓展案例

案例单位： 海南电网公司海口供电公司

实施班组： 变电运行所110kV下洋集控中心

一、金点子实施情况

110kV下洋集控中心为海口供电公司首个实现对多个变电站进行集控的管理中心，随着集控模式和标准化建设的推进，人员要求熟悉多个变电站设备和运行方式，但是运行人员专业技能水平参差不齐，应对各项实际工作的能力亟待增强。通过"五个一工程练飞计划"的培训活动，每个员工均可结合生产实际从事各项活动体验并走上讲台，规范解决生产过程中的常见问题，其具体实施情况如下：

（1）根据变电运行《班组课堂工程建设活动实施方案》，制定《下洋集控中心"五个一"培训安排表》。

（2）在变电站班组开展"五个一工程"练飞计划：

1）每人讲一堂技术课：按缺什么补什么的原则，制订"每周一讲"的计划，并分配到个人或由个人挑选适合自己的技术课题。

2）每人组织一次事故预想：针对受控站设备情况，进行典型事故分析和处理。

3）组织一次反事故演习：根据典型事故预案编制典型事故处理步骤，组织值班员现场演练，对演练过程进行评价并规范记录全过程。

4）进行一次运行分析。

5）查找一次习惯性违章：值班员自己查找在从事运行工作经历中的习惯性违章现象，进行分析，剖析危害，与大家分享体会。

（3）通过站长和技术骨干制作"我的五个一"课件，进行上讲台试讲、示范，帮助员工制订计划，确立课题，鼓励员工展示自己的长处，从而带动员工积极执行。

二、金点子实施效果

（1）员工在准备课题和课件的过程中，带着问题去学习，员工参与活动的积极性高、兴趣浓厚，营造了浓厚学习的氛围；

（2）讲课人在授课时通过与班组员工进行交流讨论，使得自己在该方面的知识也得到巩固和升华；

（3）通过人人上讲台，全站员工轮流讲解和答疑，锻炼了员工的语言表达能力和自信心，从而达到共同进步、共同提升的目的。

案例特点

紧贴生产实际，员工容易接受；"教得少，学得多"，能增强运行人员的沟通、表达能力和自信心，提升个人的知识水平和操作能力，营造"工作就是学习，学习就是工作"的学习氛围。

第四部分 情景模拟培训

情景模拟培训是指运用工作场景、多媒体等多种手段,再现工作实景,通过把受训者或小组置于模拟的现实工作情境中,扮演各种特定的角色,以提高应对实际工作中可能出现的各种问题的能力。

情景模拟培训具有互动性、趣味性、竞争性等特点,能够最大限度地调动学员的学习兴趣,充分运用听、说、学、做、改等一系列学习手段,开启一切可以调动的感官功能,加深对学到的知识和技能的理解和掌握,并能在实际工作中很快实践与运用。

情景模拟培训在实施的过程中需要选好主题,选定模拟场景,明确角色目标及其定位,关注模拟培训实施过程,及时总结及反思。

情景模拟培训具有很强的实用性和可操作性,在企业班组培训中得到广泛应用。

"教室就是岗位"现场模拟服务个案培训

所属类别：情景模拟培训

案例级别：典型案例

案例单位：广西电网公司桂林供电局

实施班组：客户服务中心营业大厅

一、班组基本情况

班组基本情况，如表4-1所示。

表4-1 班组基本情况表

班组名称	客户服务中心营业大厅		主要业务		业扩报装及电费业务	
平均年龄	27	班组人数		15		
人员学历结构	本科以上	人数	9	专科以下	人数	6
		比例	60%		比例	40%
人员技术（技能）级别结构	技术等级	高	人数	0	比例	0
		中	人数	1	比例	6.7%
		低	人数	1	比例	6.7%
	技能等级	高	人数	2	比例	13.3%
		中	人数	2	比例	13.3%
		低	人数	11	比例	73.3%

二、金点子实施背景

由于新员工业务知识不够，前台工作经验欠缺，不能满足营业厅工作的要求，迫切需要将新员工打造成为业务知识强、柜台经验丰富、一岗多能、服务行为规范的高素质员工。针对目前现状，营业大厅改进了以往单一、呆板的培训方式，创新地采用"'教室就是岗位'现场模拟服务个案培训"的活动，以达到务实、高效、全方位提高班组员工综合素质的目的。

三、金点子实施情况

（一）前期准备

1. 存在问题分析

（1）培训形式单一。以往采用的课堂授课方式虽然应用广泛，但缺乏特色，员工对教授的知识印象不深，理论联系实际不强。

（2）人员岗位技能相对单一。员工掌握的业务知识及技能各有所专，但是综合技能水平不高，缺乏一岗多能型的人才。

（3）员工沟通技巧缺乏、应变能力不强。部分员工前台经验不丰富，处理服务个案耗时长，服务效率不高。

（4）员工学习积极性不高。由于管理、激励制度不健全，导致员工参加培训的积极性受到较大的影响。

2. 人员现状摸底

培训实施前，对员工的规范化服务、岗位技能、应变能力进行摸底。其统计情况分别如表 4 - 2～表 4 - 4 所示。

表 4 - 2　　　　　　柜台服务规范情况统计表

柜台服务规范（人数）	6
柜台服务不规范（人数）	9

表 4 - 3　　　　　　岗位业务知识熟悉程度统计表

岗　　位	业务知识掌握程度	
	熟悉（人数）	较熟悉（人数）
收费	5	10
业扩报装	6	9
预付费售电	3	12
合同签订	4	11

表 4 - 4　　　　　　应变能力情况统计表

应变能力强（人数）	5
应变能力弱（人数）	10

3. 制订对策

（1）创新培训方式。根据模拟"个案"的要求，通过柜台服务、业务知识、服务技巧三个方面来演绎现场服务的全过程，以现场互动的方式训练和提高员工的综合素质。

（2）建立配套制度。制订配套的管理办法和激励机制，鼓励员工主动学习。例如，制度规定：每月开展一次培训，培训结果纳入班组月度绩效考核，并作为评选"服务之星"参考标准之一；对表现突出者，优先安排外出培训，年终的培训统计结果作为评先的条件之一。

（二）实施培训

（1）制订模拟服务个案培训登记表。每月针对实际工作中碰到的问题拟订培训主题，定期开展培训。例如，微笑服务训练如图4-1所示。

图4-1 微笑服务训练

（2）模拟测试。由两名营业员根据现场选题分别演绎客户和柜台服务人员，其他观摩员工扮演"点评师"角色。在模拟

培训过程中，"客户"可适当地制造麻烦，以锻炼"柜台服务
人员"的沟通技巧和应变能力，如图 4-2 所示。

图 4-2 模拟测试

（3）一个模拟个案结束后，要求现场观摩人员参与点评，
并对模拟案例中回答不够完整的知识点进行补充，班长最后进
行综述并提出改进意见。

（4）现场观摩人员对参与"情景模拟培训"的人员进行评
分，并做好记录。

四、金点子实施效果

（1）培训效果显著。通过一年多现场模拟服务个案培训，
营业大厅人员对收费及业扩报装岗位熟悉程度提高最快；柜
台服务人员全部已达到规范化服务的要求；营业大厅工作人
员的应变能力显著提高，其统计情况如表 4-5～表 4-7
所示。

（2）培训实施一年后，营业厅服务质量有较大改进，客户
满意度由 50% 提升到 80%。

表 4-5　　　　　岗位业务知识熟悉程度统计表

岗位	业务知识掌握程度	
	熟　悉	
	培训前（人数）	培训后（人数）
收费	5	11
业扩报装	6	10
预付费售电	3	8
合同签订	4	7

表 4-6　　　　　柜台服务规范情况统计表

柜台服务	培训前（人数）	培训后（人数）
规范	6	15
不规范	9	0

表 4-7　　　　　应变能力情况统计表

应变能力	培训前（人数）	培训后（人数）
强	5	9
弱	10	6

五、金点子应用注意事项

（1）要细化考评办法，规范考评标准，以保证考评的公平性。

（2）要完善激励机制，使之能与上级部门的奖惩制度挂钩，以有效调动员工积极性。

案例特点

该培训方式具有直观、真实的特点，可使受训者在培训过程中有"岗位"的体验。

资料链接

1. 管理制度（相关）

营业厅"三会"管理制度

为加强营业厅基础管理，提升班组整体综合素质，特制定

班组培训金点子　第四部分　情景模拟培训

营业厅三会管理制度，其制度如下：

1. 早会目的：加强班组成员内部沟通与交流，使每位员工朝气蓬勃地开始一天的工作。

2. 早会时间：每日营业前 10～15min。

3. 早会形式：列队早会。

（1）班长主持；

（2）班员轮流主持。

4. 早会内容：

（1）检查仪容仪表；

（2）安排当天工作；

（3）传达局及公司文件精神；

（4）学习新业务知识；

（5）日巡检查情况通报；

（6）焦点问题讨论；

（7）昨日工作讲评。

1. 讨论分析会目的：对一周工作中的难点、疑点进行讨论分析，查找不顺畅的业务流程，制订解决方案和措施，提高工作质量和效率。

2. 讨论分析会时间：每星期三下午营业时间结束后 1h。

3. 讨论分析会形式：座谈。

（1）班长主持；

（2）轮流发言。

4. 讨论分析会内容：

（1）各自提出近期工作中的难点、疑点进行讨论分析。

（2）查找各自岗位工作中的不足，进行讨论并制订有效措施。

（3）梳理业务不顺畅环节。

（4）业务知识的相关培训。

5. 班长小结。

1. 案例分析会目的：查找近期客户服务工作中的不足，提升服务质量和服务水平。

2. 案例分析会时间：每月第二周的星期二下午营业时间结束后 1h。

3. 案例分析会形式：

(1) 通过服务案例描述，查找服务工作中的不足；

(2) 通过模拟服务个案，查找服务工作中的不足；

(3) 规范化服务训练。

4. 案例分析会内容：

(1) 用电投装柜台服务案例；

(2) 收费柜台服务案例；

(3) 预付费售电服务案例；

(4) 微笑服务训练；

(5) 柜台规范化服务训练。

5. 班长点评：

2. 模拟服务个案培训登记

2008 年模拟服务个案培训登记，如表 4-8 所示。

表 4-8　　　　　模拟服务个案培训登记表

培训时间	培训（测试）内容	培训搭档	培训地点	培训目的	完成时间

3. 培训现场图片

"'教室就是岗位'现场模拟服务个案培训"活动现场图片，如图 4-3 和图 4-4 所示。

图 4-3 "'教室就是岗位'现场模拟服务个案培训"
培训现场图片（微笑示座）

图 4-4 "'教室就是岗位'现场模拟服务个案培训"
培训现场图片（柜台服务）

假 如 我 是 客 户

所属类别：情景模拟培训

案例级别：拓展案例

案例单位：广东电网公司深圳供电局

实施班组：95598 客户服务呼叫中心

一、金点子实施情况

深圳供电局 95598 客户服务呼叫中心打破传统的培训方式，克服培训形式单一、培训效果不明显等困难，从 2008 年开始实施以"假如我是客户"为主题的常态化情景模拟培训的活动，其具体实施情况如下：

（1）搜集"典型案例"。要求坐席员将日常工作中遇到的难以处理的话务问题或具有代表性的典型案例记录下来，提交给班组管理员。

（2）班组管理员将搜集到的话务"疑难杂症"或"典型案例"进行分类、整理，并将整理好的"疑难杂症"或"典型案例"分别写在纸条上。开展培训时，将纸条统一放入一个纸箱内。

（3）培训负责人将参加活动的人员每两人一组分成小组，每个小组分别上台进行业务情景模拟，其中一位扮演客户，另一位扮演坐席员。客户扮演者从纸箱里随机抽出一张纸条，按照纸条上的问题向坐席员扮演者提问（以纸条上的问题为主题，可适当展开），坐席员扮演者模拟 95598 日常工作场景回答"客户"的问题。

（4）两位扮演者互换角色，按照第（3）步的规则进行情景模拟。所有学员都给予一次现场表演的机会，并尝试两种角色互换。

（5）每一组工作人员完成现场情景模拟后，要求未参与表演的坐席员对他们的表现进行点评。

（6）培训负责人进行培训总结，评选出表现优秀的工作人员。

（7）培训负责人将现场情景模拟培训中总结出的经验做法汇编成《客户咨询服务典型案例处理技巧》，形成理论成果，供坐席员学习参考。

二、金点子实施效果

实施该培训方式以来，深圳供电局 95598 呼叫中心坐席员的整体业务水平、沟通技巧、应答能力及投诉处理技巧都有了大幅提高。

案例特点

角色换位，增进理解，利于沟通。

拓展案例二
如何消除客户投诉的技巧培训

所属类别：情景模拟培训
案例级别：拓展案例
案例单位：广东电网公司深圳供电局
实施班组：龙华供电所

一、金点子实施情况

为了提高抄表核算收费一线员工的服务意识、法律知识和与客户沟通的技巧、方法，深圳龙华供电所有针对性地开展了"如何消除客户投诉的技巧培训"的活动，其具体实施情况如下：

（一）培训策划

1. 收集"典型案例"

（1）分类统计、汇总收集客户投诉意见中出现概率最高和具有代表性的意见。

（2）抄表员将日常工作中遇到的难以解决或具有代表性的问题向组长反映，组长填写《抄表员日常问题（案例）收集表》，班组管理员再将其中的典型案例收集记录。

（3）班组管理员收集出现在网络、报纸、电视等媒体关于供电部门问题投诉方面的资料，筛选出其中的典型案例。

2. 选择问题案例

班组管理员将收集到的问题意见和典型案例进行统计、分类、整理，在班组长会议上讨论分析，确定下一期培训的主题及案例类型，并从历史客户投诉意见记录、《抄表员日常问题（案例）收集表》中选择一宗该类型题材或模拟客户投诉意见。

3. 针对问题案例，制订对策

通过查找对照规章制度、业务规范及相关流程规定，结合平时工作实际情况，进行分析、讨论，制订《客户投诉意见的规范处理方法》。

班组管理员负责将规范处理方法填入《抄表员处理客户投诉场景模拟表》中，为培训提供依据。

（二）实施培训

1. 培训模拟

培训由两人参与，其中一人扮演客户，另一人扮演抄表员。客户扮演者按照《抄表员处理客户投诉场景模拟表》中的问题向抄表员扮演者提问，抄表员扮演者按自己认知模拟日常工作场景回答问题、处理投诉。

2. 点评分析及总结

全体员工对扮演角色的表现进行点评，开展交流分析讨论，查找长处和缺点，结合预先制订的案例规范处理方法总结出有效的、较好的工作方法和技巧。

3. 整理归档

班组管理员将现场情景模拟中扮演者问答过程详细记录，整理归档。

（三）培训成果巩固

1. 经验通报

班组管理员负责将情景模拟培训中总结出的经验、方法、技巧书面记录，每期汇编形成简报，打印分发到每个抄表员阅览、学习。

2. 表彰先进

培训评委小组在一定的周期内评选出表现优秀的工作人员，在班组会议和公告栏中通报表扬。

3. 针对性的理论学习

根据扮演者在案例情景模拟中的表现结合日常工作实际情

况，开展针对性的抄表工作系统理论学习，提高理论知识水平。

二、金点子实施效果

（1）实施该方式的培训后，抄表员与用户沟通的能力和问题处理能力有较大幅度的提升，尤其是对日常出现频率较高的问题处理能力有明显的提高。

（2）每月客户反映意见、客户投诉数量逐步递减，客户满意率提高，有助于建立供电部门的良好形象。

（3）投诉的减少使班组长、抄表员从繁重的投诉工作中抽身出来，投入更多的时间处理日常各种业务和紧急工作任务。

案例特点

针对问题，演练总结，经验共享，共同提高。

拓展案例三

重回现场情景模拟

所属类别： 情景模拟培训
案例级别： 拓展案例
案例单位： 贵州电网公司六盘水供电局
实施班组： 客户服务中心抄表班

一、金点子实施情况

为了迅速提高员工业务素质，六盘水供电局客户服务中心抄表班开展了"重回现场情景模拟"的培训活动，其具体实施情况如下：

（1）挑选业务技能拔尖、表现力强的员工，分别呈现标准规范的工作过程和不规范行为的工作过程，用摄像机将整个过程摄录下来。经过后期编辑，制作成为音像培训教材。

（2）在班组培训时，可先播放不规范服务的光盘，让抄表员指出哪些环节有问题，应该如何规范服务，然后播放规范服务的光盘，进行比较学习。

（3）在学习后组织讨论，让员工掌握规范操作的同时及时总结容易犯错误的地方，便于今后不断改进。

（4）抄表班针对该培训模式在《班组教育培训管理制度》中明确了学分奖励与考核条款。

二、金点子实施效果

"重回现场情景模拟"培训方式氛围严肃活泼，员工融入感强，学习状态既精力集中又轻松活跃，既能迅速记忆各个培训知识点，强化安全意识，又能有效调动参与演练者和观摩者的学习积极性。员工既能在工作中学习，又能通过学习有效地提高工作质量和安全防范意识，强化了培训内容，提高了培训效果。

实施培训后，电费回收率均达到并超过指标要求，抄表正确率达到 99.99％，同比提高了 1.5 个百分点，未发生客户投诉事件和行风事件。

⚖ 案例特点

通过组织拍摄规范操作及不规范操作的音像教材，将工作中安全注意事项、业务技能、优质服务三大关键点进行对比展示，使员工能够迅速地掌握规范操作的技能，并及时发现易犯的错误和问题。

"模拟分工"的团队协作培训

所属类别：情景模拟培训
案例级别：拓展案例
案例单位：广东电网公司佛山供电局
实施班组：变电二部

一、金点子实施情况

针对继电保护工作任务重、人员不足、新员工经验欠缺、员工业务技能单一等问题，佛山供电局变电二部经过认真思考和不断探索，立足班组实际，开展了"'模拟分工'的团队协作培训"的活动，其具体实施情况如下：

（一）分析工作现状，明确工作分工

开展以"了解班组工作"为主题的讨论，分析班组每一项工作和分工协作情况，针对人员素质不同和实际工作特点，明确工作分工，确定培训目标。

（二）制订模拟分工方案

（1）目标培训人：班组普通员工。

（2）目标工作：需要完成的某一项工作。

（3）目标分工：需要完成该项工作的分工。

（4）目标技能：需要学习和提高的工作技能。

（5）指定培训专家：班组技术骨干为培训专家（2～3名）。

（三）培训实施

（1）准备阶段：在班组安全生产讨论会中，由培训专家预先准备，对目标工作、分工和技能进行讲解、分析和总结；目标培训人反馈学习情况。

（2）单独培训阶段：采取一对一的灵活方式，就目标工作进行分工，先以培训专家为主，目标培训人为辅，进行操作演示培训；然后，在保证安全和培训专家监督下，进行分工轮换，培训专家为辅，目标培训人扮演工作负责人的主要角色，完成操作练习培训。

（3）团队培训阶段：模拟定检工作或事故抢修场景，开展团队培训。将目标培训人进行不同组合，形成工作小组；各工作小组内部沟通、分工协作，齐心协力完成工作各个环节；培训结束后各小组进行自我总结，培训专家就各小组的工作过程和工作效果进行评价。

（4）现场培训阶段：在《电业安全工作规程》允许的情况下，利用某项工作的富余时间，各小组在现场分别完成同一项工作任务，各小组在工作中发挥个人和集体的力量去发现问题、讨论问题、解决问题；同时，比较各小组在工作中的分工协作、技能应用和完成效果，总结出好的工作方法并推广。

二、金点子实施效果

实施该方式的培训以后，班组员工的学习积极性有了明显提高，班组内营造出比、学、赶、超的良好学习氛围，团队凝聚力增强，员工整体技术技能水平有了较大的提高。

案例特点

工作场景再现，分工合作，多岗轮演，沟通协作性强，技能提速较快，适用于进行一岗多能的专业技能培训。

第五部分　演习演练培训

班组培训金点子

演习演练培训是指通过演习、仿真模拟等培训手段，使受训人员在模拟的环境中真实体验工作过程的一种培训方式。

演习演练培训具有现场性、规范性、挑战性、全方位等特点，利用模拟生产现场、真实设备，使学员在培训中有身临其境的感觉，按照生产现场规范要求，学员在一定时间内做出准确、完整的操作，从而激发受训人员分析判断潜力，提高操作水平，强化安全意识，锻炼心理素质，使受训人员对生产过程中关键点的掌握有明显提高。

演习演练培训关键环节包括制定演练方案、演练过程安全控制和演练评价总结。利用真实的设备或仿真系统，进行贴近实战的演习演练，对培训过程进行分项量化打分，通过点评总结使受训人员改进提高，增强实战能力。同时，优化完善演练方案，使演练常态化、机制化，辅以相应的激励措施，能够切实提高演习演练的实效性。

演习演练培训具有很强的实用性和可操作性，在企业班培训中得到广泛应用。

典型案例

模拟"蓝军"，锤炼班组事故应急战斗力

所属类别：演习演练培训
案例级别：典型案例
案例单位：广东电网公司佛山供电局
实施班组：调度监控中心

一、班组基本情况

班组基本情况，如表5-1所示。

表5-1　　　　　　　　　　班组基本情况表

班组名称	调度监控中心		主要业务		调度监控运行	
平均年龄	34	班组人数	32人			
人员学历结构	本科以上	人数	30人	专科以下	人数	2人
		比例	93.7%		比例	6.3%
人员技术（技能）级别结构		技术等级	高	人数	0	比例	0
			中	人数	8	比例	25%
			低	人数	21	比例	65.6%
		技能等级	高	人数	31	比例	96.9%
			中	人数	1	比例	3.1%
			低	人数	0	比例	0

二、金点子实施背景

佛山供电局调度中心实施"大调度、大监控"的管理模式后，取消了各区供电局的县调职能，业务量大幅增加，大量补充的新员工急需进行岗位适应性培训，提高电网事故应急处理能力。而传统的调度反事故演习，处理过程一般由值长负责指挥，其他人员只是起辅助作用，得不到应有的锻炼和提高。为

班组培训金点子　第五部分　演习演练培训

解决上述问题，调度监控中心开展"模拟'蓝军'，锤炼班组事故应急战斗力"的培训活动。

三、金点子具体实施

（一）改进仿真培训 DTS 系统，建设模拟"蓝军"

佛山供电局根据使用过程发现的问题，专门对 DTS 系统进行了软件升级，进一步改进其仿真培训功能。

（二）制订仿真培训计划

（1）根据班组实际情况制订 DTS 仿真培训计划，规定常态化地进行"一对一"的培训，落实到每一个员工。

（2）建立相应的班组仿真培训管理制度，保证 DTS 仿真培训能按计划有效开展。

（三）确定培训教案

（1）组织班组骨干人员分析电网和设备的薄弱环节，找出危险点，发掘更多有价值的培训题材。

（2）组织值长有针对性地编写反事故培训方案。根据各培训方案分别制定统一的分项量化打分标准。

（3）主管领导和管理人员对反事故培训方案进行过滤，择优选为培训教案。

（四）开展反事故实操对抗演练

（1）在 DTS 系统设置相应的教案后，应用不同的事故处理方法对拟订的教案进行测试调整，务求达到预期的仿真效果。

（2）由值长充当"蓝军"指挥，随机抽取仿真教案的题目，调度监控员轮流上场与"蓝军"进行"一对一"的反事故实操对抗演练，如图 5-1 所示。

（3）考官（值长）根据每一位参培人员的具体表现进行量化打分并点评，指出参培人员的不足并提出改善建议，如图 5-2 所示。

（4）主管领导和管理人员对培训的过程和效果进行分析、总结，实现培训全过程的 PDCA 闭环管理。

图 5-1　反事故实操对抗演练

图 5-2　培训成绩量化点评

四、金点子实施效果

(1) 组织 DTS 系统反事故演练仿真培训，真实模拟电网的潮流变化、告警信息及实际操作，提高了调度监控人员反事故实操技能的主观能动性，在班组中形成你追我赶、不甘人后的学习气氛。

(2) 有效提高调度监控人员事故应急处理的技能水平及心理素质，养成了站在值长角度想问题的工作习惯，在调度监控运行工作中可以独当一面，增强班组集体的抗事故风险能力。2006 年至今已有 19 人通过调度值班员技师的技能鉴定。

(3) 保证了佛山供电局调度中心在实施"大调度，大监控"管理模式交接期间的安全过渡。

(4) 为调度运行专业技能鉴定提供了有效的实操考核工具，增加了考核的针对性。

五、金点子应用注意事项

(1) 应注意细化目标考评办法，健全考评规范的标准，制定统一的分项量化打分标准。

(2) 应注意升级完善 DTS 系统培训功能，使教案设置更加便捷，仿真效果更加理想。

(3) 编写反事故培训方案的过程中应注意保密，避免考题过早曝光而影响培训效果。

🏛️ 案例特点

DTS 系统反事故演练仿真培训，可以高度仿真电网实际运行状况，参演人员有身临其境的感受，具有较强针对性和实效性，实现了培训与生产实际接轨。

📚 资料链接

演习演练培训活动图片如下：

(1) DTS 仿真系统的培训教案，如图 5-3 所示。

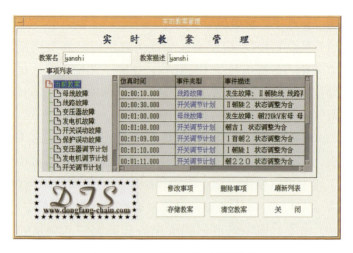

图 5-3 DTS仿真系统的培训教案

（2）值长对本值调度监控员进行培训，如图 5-4 所示。

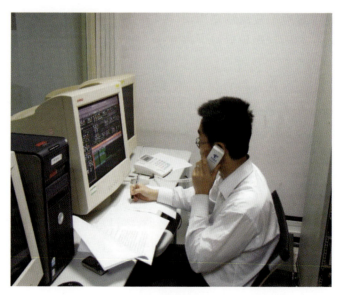

图 5-4 值长对本值调度监控员进行培训

（3）值长对本值调度监控员进行培训后点评，如图 5-5 所示。

图 5-5　值长对本值调度监控员进行培训后点评

（4）管理人员参与分析总结，如图 5-6 所示。

图 5-6　管理人员参与分析总结

拓展案例一

DTS 联网反事故演习

所属类别：案例培训

案例级别：拓展案例

案例单位：广东电网公司中山供电局

实施班组：调度中心调度班

一、金点子实施情况

由于地调与省调的 DTS 系统之间无法互联和资源共享，双方电网计算模型无法实时交互，造成反事故演习存在滞后和失真，因此调度班组采取了"DTS 联网反事故演习"的培训活动，其具体实施情况如下：

（一）建立联网系统

开展 DTS 联网建设，实现了省调 DTS 系统和地调 DTS 系统的互联和资源共享，同时有效解决了省、地调"DTS 联网反事故演习"过程中数据一致性和准确性的问题。

（二）建立制度，保证实施

为保证"DTS 联网反事故演习"培训方式的长期有效执行，《中山供电局调度中心高级应用运行管理规定》要求涉及运行方式、潮流数据变化等联合演习必须使用 DTS 联网进行，年内调度、监控人员至少完成人均 1 次的仿真演练和效果评估，演习后必须制作教案，录入《反事故演习记录库》，未参与演习的调度员必须自行学习。

（三）启动培训

（1）调度班按照中调要求制订年度反事故演习计划，根据中调反事故演习方案编制地方电网的反事故演习子方案。

（2）地调设定地方电网演习断面，联网进行潮流计算，使潮流收敛，实现数据一致；设置电网事故，进行高仿真度联网演练。

（3）保存教案，总结评价，作为未参演调度员的培训教材。

二、金点子实施效果

（1）高仿真：演习中实现了省、地调DTS数据的一致性，演习人员能够通过本系统把握电网运行工况，与值班环境相同，仿真度极高，演练效果好，有效地提高了省、地调调度员联合反事故的处理能力。

（2）利教学：制作的教案包含了外网工况对中山电网的实时影响，具有很高的教学价值，为每年大多数未能参与联合演练的人员提供了很好的培训教材。

（3）高效率：使用DTS联网的演习方案制作非常简单，断面设置快捷，花费精力少，能够增加演习次数，更多调度员可以得到实战培训机会，保障了年内调度、监控人员至少完成人均1次的仿真演练。

案例特点

本案例利用DTS系统，进行了省、地调两级联动和贴近实战的反事故演练仿真培训，有效地提高了调度监控人员事故应急处理的技能水平，增强了班组集体的抗事故风险能力。

拓展案例二

问 答 箱

所属类别：案例培训

案例级别：拓展案例

案例单位：云南电网公司昆明供电局

实施班组：西区变运分局 220kV 普吉集控中心站

一、金点子实施情况

针对班组培训形式单一，缺乏针对性，员工积极性和参与性较低等现象，西区变运分局 220kV 普吉集控中心站开展了"Q&A 箱"（即"问答箱"）的培训活动，其具体实施情况如下：

（1）设置"Q 箱"（问题箱），每位员工把自己不懂的、想学的或实际工作中遇到的问题写在一张纸条上放入"问题箱"。

（2）成立技术培训课题组，由站上分管技术的副站长担任组长，由全站员工选出两名员工担任组员，技术培训课题组负责对"问题箱"中的问题进行分类。

（3）设置的一个"A 箱"（答案箱），对"Q 箱"中相对简单的问题，由课题组或站上任何能够解答此问题的人员进行解答，把答案放入"A 箱"，供大家分享。

（4）每月技术培训的内容主要从"Q 箱"中产生，培训内容的多少可以根据当月工作量多少灵活掌握，培训内容的难度可以根据实际工作难易程度而定。

（5）按照月培训计划，人人轮流担任老师，负责完成培训中的每一个环节（包括收集资料、制作课件、培训讲解、答疑解惑、出题考问等），让每个人都能主动参与到技术培训中来。

（6）以值为单位开展技术交流，以提问打擂的形式进行，各值将自己本月培训总结出的问题抛给对方，由对方回答，视回答情况对各小组进行评定，交流结束后由课题组评选出当期擂主以及"技术明星"。

（7）在交流环节获胜及落败的一方，采取相应的措施进行奖惩。

二、金点子实施效果

（1）班组人人自己担任培训师，整体的技术技能得到了较快提高。

（2）通过收集整理"Q&A箱"的内容，班组建立了自身的培训资料库。

（3）建立了班组和谐的工作环境，营造了成员间互相学习、共同提高的氛围。

⚖ 案例特点

"问答箱"培训方式为班组内部的沟通和技术交流创建了平台，使班组员工之间实现了知识共享，而且培训内容取材于实际工作中遇到的问题，针对性较强；员工能从以往的被动学习转变为主动学习。

工作票填写演习竞赛

所属类别： 案例培训
案例级别： 拓展案例
案例单位： 贵州电网公司贵阳供电局
实施班组： 城北分局运行班

一、金点子实施情况

（一）实施步骤

（1）针对该项工作富有经验的职工开展"工作票填写演习竞赛"的培训活动，其中包含填写规范、注意事项等内容。

（2）班组成立评委会，确定竞赛方案、时间等。

（3）对竞赛人员进行分组（工作负责人组及工作人员组），发出竞赛通知。

（4）请评委会准备好赛题，做好操作环境的设置，拟订工作任务。

（5）员工进行竞赛，根据模拟条件及有关要求，填写工作票。

（6）评委进行评比、点评、讨论、答疑。

（二）奖惩办法

采取相应的激励措施，奖励表现优异的员工。

二、金点子实施效果

由于工作负责人、普通班组员工是同台竞技，因此大部分工作负责人感受到较大压力，都能严肃认真地对待比赛，而班组员工也非常珍惜这一展现自己的机会；通过演习竞赛，真实检验出员工的技能掌握情况；通过有针对性的解答与辅导，有效地改正了员工普遍存在的错误和问题，减少了实际工作中此类问题的发生，提高了工作质量和效率。

⚖ 案例特点

　　"工作票填写演习竞赛"培训活动，以竞赛的形式对工作票进行规范化填写培训，通过模拟现场工况进行全过程的演练，夯实了班组安全基础。针对性强，简单易行，员工参与度高。

第六部分　师徒培训

班组培训金点子

师徒培训是一种通过师徒双方签订师徒培训协议，以言传身教、现场讲解、动作示范、作业搭档等方式，提高徒弟的理论知识和实际技能为目的的一种培训方式。

师徒培训具有传授性和实践性的特征。通过师傅现场示范、指导和点评，徒弟听讲、观察，获得师傅的技能和经验，提高业务工作水平和实际操作技能的方式。

师徒培训的核心是以师传理、以师传经、以师教能，使抽象的理论具体化，使具体的个案理论化，有利于徒弟进入"角色体验"和"情境体验"，提高徒弟在实务中动手操作能力和解决问题能力，使徒弟掌握新知识、新设备、新工艺、新系统的知识及操作技能。

师徒培训可分为选名师、定徒弟、订计划、签协议、实际演练、阶段点评、出高徒等多个环节与步骤开展，培训计划结合各专业的实际特点，合理安排"师徒培训"人员，采取基础理论和现场培训相结合，达到理论知识、实操技能和工作任务融合。

师徒培训是一种传统的、灵活多样的、具有生命力的教育培训模式，在企业的班组培训中得到了广泛应用。

闭 环 师 徒 制

所属类别：师徒培训
案例级别：典型案例
案例单位：广东电网公司江门供电局
实施班组：变电部新会变电分部检修二班

一、班组基本情况

班组基本情况，如表 6-1 所示。

表 6-1　　　　　　　　　　班组基本情况表

班组名称	新会变电分部检修二班			主要业务		变电检修	
平均年龄	37		班组人数		14		
人员学历结构	本科以上	人数		3	专科以下	人数	11
		比例		21.4%		比例	78.6
人员技术（技能）级别结构		技术等级	高	人数	0	比例	0%
			中	人数	1	比例	7.1%
			低	人数	5	比例	35.7%
		技能等级	高	人数	4	比例	28.6%
			中	人数	10	比例	71.4%
			低	人数	0	比例	0%

二、金点子实施背景

2006 年，江门供电局提出"全员持证、一专多能"的要求。新会变电分部人员流动频繁，新入职的员工较多，作为技术密集型部门，必须重视员工技术、技能的培训。检修二班针对新员工上岗持证率较低的情况，提出参与培训的员工，无论学或教，都是培训的主角。班组按照"PDCA"原则，针对新入职的员工开展"闭环师徒制"的培训方式，让受训者学而知不足，让施教者温故而知新，从而促进全员持证上岗，实现员工综合能力的提高。

三、金点子实施情况

（一）培训策划

1. 培训目标

经过一年的培训，新员工必须实现100％获取本岗位职业技术资格证书。

2. 培训方式

选择经验丰富且达高级工水平的员工作为"名师"，与新员工组成拍档开展"闭环师徒制"培训活动，岗位技能培训过程采用"计划、整合、运用、交流"闭环重复机制，"徒弟"与"名师"互动中定期调整培训计划；单项技术能力培训过程采用"指点、练习、考核、查缺"闭环重复机制，师傅在互动中确认"徒弟"达到该项技术的计划目标（见图6-1）后，再开始下一项技术培训，其指导流程如图6-2所示。

图6-1　师傅互动中确认"徒弟"达到该项技术计划目标

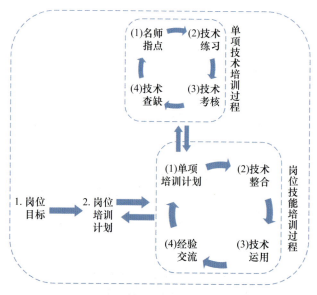

图 6-2 "闭环师徒制"指导流程图

3. 培训内容

以技能等级鉴定考核（中级）的要求作为培训的标准，内容包括工作安全规范、常用工器具的使用、电气理论知识、现场设备工作原理、大修技改以及设备检修工作中遇到的常见问题等。

（二）激励措施

（1）每月对培训情况进行考核，并选出成绩优秀的"师徒"作为标杆对象。

（2）每季度评出"优秀名师"和"优秀高徒"，将其照片贴在班组板报明显处，如图 6-3 所示。

（3）每年对获得"优秀名师"次数最多的员工，推荐为 A 级绩效员工候选人；对年度总体培训评分最低的"名师"，且其"徒弟"考核不合格的，取消其继续担任"名师"的资格。

（三）实施步骤

（1）根据企业发展需要，对新员工提出本岗位的培训目标。

图 6-3 优秀名师和优秀高徒

（2）在班组内选出经验丰富、责任心强并且具有高级工技术水平的师傅作为"名师"。

（3）把新员工与"名师"组成学习中的"师徒"、工作中的拍档。

（4）班组根据实际工作的需要及技能等级鉴定考核（中级）的要求，制订新员工岗位培训计划。

（5）"名师"根据岗位培训计划及实际工作任务，制订各单项技术培训的具体计划，并在实际中亲身示范，指导"徒弟"学习技能；"徒弟"以拍档身份协助"名师"工作，在工作中学习，逐渐增强工作的独立性。

（6）"名师"按培训要求对"徒弟"进行考核，发现"徒弟"短板后再实施强化培训。

（7）"徒弟"每完成一个单项技术培训，"名师"就指导其对所学技术进行整合，引导"徒弟"学以致用，交流讨论，反思不足，并与"徒弟"共同调整完善下个单项培训计划。

（8）每月"徒弟"接受班组培训效果检查评分，并提出自身的收获和不足，交流培训经验，对阶段培训情况进行小结，班组对最高分者评为优秀"师徒"。

（9）每季度统计优秀"师徒"评分情况，"名师"和"徒弟"分别对岗位培训计划提出自己的意见，全员共同讨论是否需改进，记录和跟踪意见的变化，必要时对岗位培训计划进行调整。

（10）一年后，"名师"和"徒弟"分别对"闭环师徒制"活动实施过程进行分析总结，提出自己的意见和建议，持续完善"闭环师徒制"活动。

四、金点子实施效果

（1）实施培训后，新员工岗位职业资格证书的持证率达到100%，实现了新员工的培训目标。

（2）"名师"在整个"闭环师徒制"指导的过程，固化了自身技能，提升了语言表达能力，实现了师徒的双赢。

五、金点子应用注意事项

（1）需选择思想好、技术精、作风硬、语言表达能力强并具有高级工技术水平的师傅作为"名师"。

（2）要为徒弟提供良好的学习条件，保证足够的学习时间。

（3）在经验交流过程中，要注意防止出现观点片面、论点过多、场面易混乱的现象。

案例特点

"闭环师徒制"的培训方式，可充分调动师傅和徒弟的积极性，通过PDCA闭环重复机制实现培训全过程的持续完善。

资料链接

1. 管理制度

检修二班技能水平评价标准

技术水平评价标准：

B——辅助工作；

C——在他人或资料的指导下，基本能自行开展工作；

D——独立、无差错按要求完成单项工作；

E——熟悉单项工作，具备带徒能力，能发现工作中的问题并在图纸资料的帮助下独立解决问题；

F——具备综合工作能力，能快速、熟悉地判断各种问题，并组织处理。

理论水平评价标准：

B——对专业理论有一定的了解；

C——对专业理论有比较深刻的理解，可以熟练掌握各种设备的工作原理；

D——对专业理论有深刻理解，能够应用理论对工作中的问题作出释疑；

E——对掌握的理论知识有一定的应用能力，并可以指导解决生产中的问题；

F——理论理解透彻，可以将生产中的实践心得整理成论文或专项指导书。

组织能力评价标准：

B——对组织工作项目内容有所认知；

C——可以组织完成简单的工作任务，能正确理解相关文档的说明；

D——可以组织完成较为复杂的工作，并在文字管理上予以支持；

E——可以组织完成复杂的大型工作任务，并在文字管理上能够独立处理；

F——可以对组织工作全面负责，并能独立完成文档的编写、处理工作。

2. 活动图片

"闭环师徒制"活动现场图片，如图 6-4 和图 6-5 所示。

图 6-4 "闭环师徒制"活动现场图片之一

图 6-5 "闭环师徒制"活动现场图片之二

"师带徒"手把手技能帮扶

所属类别：师徒培训
案例级别：拓展案例
案例单位：广东电网公司韶关供电局
实施班组：输电部输电二班

一、金点子实施情况

为使刚参加工作的新员工实现从新手到技术骨干的快速转变，韶关供电局输电部输电二班开展了"'师带徒'手把手技能帮扶"的培训活动，其具体实施情况如下：

（一）签订《师徒协议》

为新员工牵线搭桥指定师傅，并通过签订《师徒协议》，明确了师徒双方责任和义务。

（二）实施分阶段的培训

1. 第一阶段：作业基本功训练

（1）练胆量：开展上下杆塔训练。首先是利用脚扣、升降板上下水泥杆进行最基本的训练；其次是攀登铁塔并参与简单的检修作业，并促使新员工消除高空恐惧心理。

（2）识工具：老师傅"手把手"地对每一种工器具进行讲解和实操演练，使徒弟掌握其正确使用方法。

（3）练技巧：师傅对作业过程中的作业技巧进行演示，然后"手把手"教徒弟，反复练习直至熟练掌握。

2. 第二阶段：技能水平强化提升培训

（1）配合作业：让新员工参与地面的配合作业，通过作业过程中的交流，师傅逐一讲解检修过程中具体步骤和安全注意事项，徒弟通过自身的配合参与深刻地了解作业过程，为下一步进行检修作业打下基础。

（2）检修作业：在师傅的带领下，新员工参与到高空作业的实战中，在各种停电检修作业中逐项学习，在每一项作业培训后写出心得体会。

（3）组织作业：新员工具备工作负责人资格后，独立组织班组人员进行某项检修作业，师傅主要进行综合指导，纠正作业指挥中的不当之处。

3.第三阶段：综合能力培训

通过技术比武，选取技术能力强、有潜质的年轻技术骨干参加 220～500kV 施工现场的跟班实习，快速提高年轻技术骨干的施工技术水平和管理水平。

（三）建立保障措施

（1）依据上级培训工作标准和培训积分管理要求，充分利用有效的激励措施和管理办法，引导新员工主动学习，逐步提高技能水平，实现从初级工到高级工的转变。

（2）班组根据青年员工的培训情况，做好相关记录并列入培训积分，作为年度绩效考核的依据。

二、金点子实施效果

实施"'师带徒'手把手技能帮扶"的培训活动，一方面有利于新员工的快速成长，另一方面也促进了老员工的提高，培养了大批的技术骨干，满足了帮助扩充线路维护工作的迫切需要。

案例特点

分阶段循序渐进地提高新员工的业务技能，建立考核和激励机制，充分发挥老师傅传、帮、带的作用，使新员工快速成长，成为技术骨干。

师徒搭配促成长，技术演练显效果

所属类别：师徒培训
案例级别：拓展案例
案例单位：广东省电力通信有限公司
实施班组：设备分部

一、金点子实施情况

广东省电力通信有限公司设备分部由于人才调动等因素造成人才结构极不合理，缺少技术全面型人才，难以满足工程建设的需要，为此设备分部开展了"师徒搭配促成长，技术演练显效果"的培训活动，其具体实施情况如下：

（1）引入"师带徒培训"制度，明确师和徒的职责。

（2）根据设备分部人才结构，制订员工部培训计划，明确培训内容和培训时间。

（3）根据员工的技术专长，合理进行师徒工作搭配，使新老员工互相学习，共同提高。

（4）开展"一季组织一次技术演练"。每季度组织班组内部员工进行理论技术培训和实操培训，提高员工理论业务水平和操作技能。

（5）培训方法采用每季度进行一次集中理论和实操培训，根据工程的建设进度和投产计划，进行施工现场"师带徒培训"，通过合理的师徒搭配，培养设备分部员工的技术能力。

（6）定期进行培训情况评估，检验培训效果。

二、金点子实施效果

（1）"师徒搭配促成长，技术演练显效果"培训方式，使新员工能在较短的时间内掌握主要设备的技术技能，提高了班组员工岗位能力和综合素质。

（2）实施培训后，在班组内部形成了主动学习、互相学习、争当先进的良好氛围。

案例特点

通过师带徒现场实操培训，结合通信专业的特点开展技术演练，合理地搭配师徒，培养了新员工的动手能力，成为多业务能手。

拓展案例三

双 向 选 学

所属类别：师徒培训

案例级别：拓展案例

案例单位：贵州电网公司凯里供电局

实施班组：计量管理所现场校验班

一、金点子实施情况

凯里供电局计量管理所现场校验班新调入员工和新员工较多，不能独立开展工作，为此现场校验班在班组内部实施了"双向选学"的培训活动，其具体实施情况如下：

（1）员工根据局公布的导师名单自行联系导师，双方达成意愿后确定师徒关系。

（2）师徒双方签订《导师带徒》合同书，制订《师带徒教学计划表》。

（3）师徒双方按照合同及教学计划内容实施培训。

（4）导师带徒活动合同到期后，师徒双方填写《导师带徒考核表》。

（5）培训结束，对导师及徒弟进行考核，根据考核情况进行奖励。

二、金点子实施效果

与以往的班组传帮带学习相比，"双向选学"培训方式取得了明显成效：

（1）加速了青年员工的岗位成才过程，徒弟在接受导师系统性指导的过程中快速提升了自身的综合能力，增强了岗位胜任能力。

（2）导师和徒弟的双向自由选择为导师带徒活动的顺利开

拓展案例三 双向选学

展奠定了基础。师徒间的双向选择增强了导师传授指导和徒弟学习的主动性，有利于培训效果的真正落地，达到双向学习的效果。

（3）激发了工作经验丰富的员工传授知识和技能的热情。通过导师带徒活动中签订合同和制订教学计划这两个环节的约束，增强了经验丰富员工的责任心和积极性，导师带徒津贴的发放也是对他们辛勤传授知识的肯定和激励。

（4）导师和徒弟之间双向责任的明确使导师带徒模式焕发新的活力，有效避免了由于缺乏约束和监督而使导师带徒成为一种形式。

案例特点

对新员工量身定做系统性、个性化的培养方案，从制度上保证了师带徒的实施，双向自由选择方式为导师带徒活动的顺利开展奠定了基础。

拓展案例四
设立进步监督人

所属类别：师徒培训
案例级别：拓展案例
案例单位：海南电网公司三亚供电公司
实施班组：变电检修管理所继电保护班

一、金点子实施情况

为解决新员工动手能力差、现场经验不足、安全意识不到位等问题，三亚供电公司变电检修管理所继电保护班积极探索，寻找技术平台、安全责任和工作效率的着陆点，在传统培训的基础上，设立"进步监督人"的培训活动，以促进新员工的学习提高，其具体实施情况如下：

（一）调查评估

由变电检修管理所二次专工和继保班技术能手组成评估小组，召开评估会对新员工优缺点和技术情况进行评估。

（二）交叉设立进步监督人

根据调查情况，针对员工的技术弱项交叉设立进步监督人，签订监督协议，明确监督与被监督的职责。

（三）建立"进步"小档案

为新员工建立"进步"小档案，对其进行实时跟踪指导和监督，充分挖掘其技术潜力，调动和引导其工作积极性，使优点最大化，让缺点最小化。

（四）找出差距及明确下一阶段培训目标

依据岗位要求，将员工的进步情况和岗位技能要求逐一列出，明确员工差距，完善激励机制。

（五）召开总结分析会

每月底，召开一次总结分析会，进步监督人对被监督人的进步情况做一次全面的剖析，指出被监督人这一个月来的收获和需改善的地方，让其在技术上和思想上少走弯路。而被监督人则自我分析自己的得与失，相互之间进行技术交流和知识共享，增进情感的融合，并做好记录。

（六）制订完善激励机制

制订完善奖惩制度和相关管理方法，激励员工从结果均等转移到机会均等，并努力创造公平竞争环境。每一阶段，评选出"监督之星"和"进步之星"各一名并进行奖励。

二、金点子实施效果

（1）实施"设立进步监督人"培训方式，进步监督人能很好地掌握新员工的技术进步情况并加以指导，有利于增进员工之间的情感。

（2）交叉"设立进步监督人"使新员工专业分工淡化，有助于拓展员工的知识面。

案例特点

设立进步监督人，对新员工的技术掌握程度进行评估，建立"进步"小档案，使新员工的技术水平取得长足的进步。

拓展案例五

划分培训责任区，引入进度横道图

所属类别：师徒培训
案例级别：拓展案例
案例单位：超高压输电公司柳州局
实施班组：输电线路十班

一、金点子实施情况

输电线路十班正、副班组长与班组5名新员工签订三方师徒合同，但在具体执行中，由于工作繁忙，班组长无法兼顾到每一位新员工的培训。为此，班组采取了"划分培训责任区，引入进度横道图"的培训活动，由新老员工结成帮扶对子开展了师徒培训活动，其具体实施情况如下：

（一）结成班组"一带一"对子，明确培训目标及效果

根据班组具体情况，指定新老员工签订"一带一"帮扶对子，制订每个"对子"的培训方案，明确培训目标和任务，执行期间由班组进行考核。

（二）制订新人员教育培训计划

根据《柳州局输电专业初级工培训大纲》，结合班组工作的轻重缓急制定班组新员工培训计划。每个知识点由"一带一"帮扶对子自行选择培训方式，培训所需教案、讲义由全班人员共同制作。

（三）引入进度横道图对培训进行可视化管理

在培训管理中引用进度横道图实现可视化控制。进度横道图是指将每月工作任务与培训任务都在同一张进度表中体现出来，哪些培训可以结合工作开展、哪些培训可以新员工集中进行，哪个知识点老师傅要给新员工单独讲授，在进度表中一目

了然。

（四）开展现场培训

在班组长安排工作任务时，将"一带一"帮扶对子分成一组，由师徒两人共同完成。在工作后，将工器具和材料的准备要求、操作步骤、注意事项、存在问题和改进方法做成学习笔记。班组长针对笔记和培训效果进行现场集中点评，取长补短，得出最佳方案。

（五）注重检查，奖惩结合

（1）每月对"一带一"帮扶对子培训效果进行检查，并做好记录。

（2）定期组织参加《培训大纲》单元内容检查考核。

（3）根据培训计划对培训效果进行检查评估，培训效果纳入班组员工绩效档案，班组根据培训效果评估结果进行奖惩。

二、金点子实施效果

通过"一带一"帮扶对子培训的实施，老员工对新员工有了全方位的了解，师徒间的沟通和学习更容易找到切入点，在不知不觉中达到相互促进，互补长短的目的。

⚖ 案例特点

引入进度横道图，实现了"一带一"技能帮扶培训的可视化控制，培训执行到位，培训效果好。

新老合作共进步，班组培训得双赢

所属类别：师徒培训
案例级别：拓展案例
案例单位：广东电网公司佛山供电局
实施班组：高明供电局更合供电所运检班

一、金点子实施情况

广东电网公司佛山供电局着力打造"数字化供电"企业，对班组员工综合能力提出较高的要求。为充分发挥新老员工各自的优势，让新员工在理论基础、计算机应用、资料编制等方面培训老员工，同时老员工对新员工进行专业技能培训，从而促进新老员工互助互学，双方共同进步，实现培训双赢，其具体实施情况如下：

（1）下达新员工学习任务，制订新员工的学习目标。根据新员工所学专业、拟培养的方向及新员工培训大纲，制订出《新员工轮岗实习计划》，该计划内容包括轮岗见习班组、轮岗时间、学习内容等，指定相应的老员工对新员工进行培训。

（2）给新员工下达培训任务，制订新员工担任培训师的培训任务计划。新员工按照培训计划对老员工进行授课，提高老员工的综合素质。

（3）督促、指导新员工轮岗进行技能学习，提供技术指导和资源支持。新员工在班组学习期间，每月报送学习培训完成情况。

（4）对新老员工担任班组内部培训师的，给予适当的酬金激励。

二、金点子实施效果

培训成效主要体现在两个方面：一是老员工掌握电工理论知识，信息系统应用的人数大幅度增加，综合能力明显提升；二是新员工见习效果明显，见习期满考核成绩优秀，而且新员工能很快融入班组，提高了学习的实效性。

实施效果的具体情况对照，如表6-2所示。

表6-2　　　　　　　　实施效果的具体情况对照表

老员工信息化应用能力及理论知识对比		
技　　能	培训前掌握人数	培训后掌握人数
电工理论知识（中级工）	6	18
Windows\Word\Excel 基本操作	3	15
OAK 系统基本操作	5	20
企业信息门户基本操作	5	20
绩效系统基本操作	5	20
配网生产系统基本操作	4	20
新员工在班组见习效果		
新员工人数	转正考核优秀人数	见习期满考取中级工人数
8	8	8

案例特点

"新老合作共进步，班组培训得双赢"的培训方式新颖，可操作性强，充分发挥了班组员工的特长，达到取长补短、共同进步的目的。

第七部分　资料库培训

资料库培训是一种以建立资料数据库，将各种分散资料信息有效地进行统一归档管理，便于电力企业内部员工利用和共享，是迅速获取相关知识和提高能力的一种培训方法。

资料库培训具有实践性、真实性和典型性的特征，资料能为员工提供讨论、分析和解决问题的特定场景，让员工通过对资料库的内容进行收集、阅读、分析、理解以及群体的共同讨论，可促进员工的业务综合能力的不断提高。

资料库培训的关键是对资料的分类、收集、整理和更新，通过人人参与的方式营造员工学习氛围。

资料库培训的核心是企业从实践工作中摸索体验出来的智慧总结，这样的培训内容，让员工感触深、记得牢、用得上，有利于员工快速成长，企业也因此形成了自己的知识积累。

资料库培训具有很强的实用性和可操作性，在企业中得到广泛应用。

全员动手搭建班组资料共享系统

所属类别：资料库培训

案例级别：典型案例

案例单位：广东电网公司佛山供电局

实施班组：高压二班

一、班组基本情况

班组基本情况，如表 7－1 所示。

表 7－1　　　　　　　　班组基本情况表

班组名称	高压二班		主要业务		高压设备试验工作	
平均年龄	31	班组人数	7 人			
人员学历结构	本科以上	人数	5 人	专科以下	人数	2 人
		比例	71.4%		比例	28.6%
人员技术（技能）级别结构	技术等级	高	人数	0	比例	0
		中	人数	3	比例	42.8%
		低	人数	2	比例	28.6%
	技能等级	高	人数	6	比例	85.7%
		中	人数	1	比例	14.3%
		低	人数	0	比例	0

二、金点子实施背景

电网的快速发展对高压试验人员的理论知识水平和技术技能要求越来越高，高压试验专业的培训资料的种类和数量也越来越多，而试验研究所高压分部下属的七个试验班组办公室驻地比较分散，日常高压分部资料的下发仅依靠点对点的传递或拷贝。如何对这些资料进行有效的管理和及时的分发是高压分部目前培训工作中所面临的一个主要问题，高压二班通过全员动手搭建班组资料库以解决培训资料的共享问题。

三、金点子实施情况

（一）前期现状摸底

1. 现状调查

2008 年 6 月，通过问卷方式对高压分部 7 个班组的资料共享情况做了调查。发现目前部门培训资料的下发或共享主要通过电子邮件、网络邻居、传阅和便捷电子存贮设备等四种方式，其共享情况调查和共享现状分析分别如表 7 - 2 和表 7 - 3 所示。

表 7 - 2　　　　高压分部培训资料共享情况调查表

项目 资料名称	数　量	共享方式	当天学习到的人数	需要学习人数	共享率
培训书籍	每个班组平均 2 本	传阅	14	65	21.5%
视频光盘	每个班组平均 2 套	传阅	14	65	21.5%
电子资料 （10M 以下）	5 份	通过 OAK 分发	65	65	100%
电子资料 （10M 以上）	3 份	网络邻居/电子存贮设备	28	65	43.1%

制表人：×××　　　制表时间：2008 年 6 月 27 日

注　高压分部有七个班组，共有员工 65 人。

表 7 - 3　　　　高压分部培训资料共享现状分析表

文件类型	共享方式	现　状	原　因
书　籍	传阅	一本 300 页左右的书的平均每人的阅读时间为 6 天，一个班组的人员都浏览一遍需要近 2 个月	部门购买书籍的费用有限，仅能满足每个班组 1～2 本

文件类型		共享方式	现　状	原　因
视频光盘		传阅	只有 21.5％的员工能及时共享到视频光盘	光盘数量有限，且运行需要加密狗，共享率低
电子资料	10M以上	网络邻居/电子存贮设备	56.9％的资料不能得到及时共享	高压分部班组分布在三水、顺德、高明和本部四个地方，拷贝文件受到路程的影响不能及时下发，而网络邻居的共享又受个人机器开关的约束
	10M及以下	电子邮件	100％都能得到及时共享	可以通过 OAK 邮件附件的形式分发

制表人：×××　　　制表时间：2008 年 6 月 27 日

2. 问题分析

（1）小文件都能得到很好的共享传播，但大文件、视频光盘及书籍在及时共享上还存在一定的困难。

（2）四种方式都是点对点的传递或者拷贝，但由于缺少一个整体的资料收集系统，对个人来说，学习资料容易造成遗漏和缺失。

（3）资料的汇总和分类不规范、未成体系，查找资料有较大困难。

（二）培训实施

1. 方案策划

搭建起高压试验员工培训资料共享管理系统，将培训资料放置到共享系统，书籍可以通过扫描制成电子文档，使资料可以实现在线分类浏览，视频可以实现在线点播。需要下发或者共享资料时，只要登录系统，点击鼠标，就能实现资料共享，从而为工作和学习提供了便利，如图 7-1 所示。

2. 方案编制及分工

方案编制及分工，如表 7-4 所示。

图 7 - 1　培训资料库实现资料共享

表 7 - 4　　　　　　　　方案编制及分工表

要素	对策	目标	负责人	完成期限
建立服务器	建立、配置服务器	确保100%数据服务安全、稳定运行	刘晓旋	2008 年 8 月 15 日前
系统的设计	确定系统的功能结构。按照系统的设计进行制作，实现系统功能	为用户提供一个方便、高效的资料共享系统	陈志平 谭家祺	2008 年 8 月 31 日前
系统的测试	试点安装该系统，收集运行意见	发现系统中的错误，确保系统功能实现	刘益军 杜有华	系统开发后两周内
实际应用培训	现场终端应用，并编写使用说明书	保证系统的顺利实施	缪钟灵 何胜红	2008 年 11 月 1 日前

制表人：×××　　　制表时间：2008 年 7 月 14 日

3. 方案实施

（1）建立服务器：利用高压分部现有资源建立培训系统所需要的服务器，以满足高压分部资料共享的要求。

（2）设计资料共享系统。

（3）搭建资料共享系统 FTP 服务器。

（4）制作网页在线点播系统。

（5）整合资料并录入视频点播系统。

（6）整合网页在线点播系统和视频点播系统，制作资料共享系统主功能界面。

（7）测试资料共享系统：对资料共享系统进行测试，测试结果达到使用要求。

（8）系统权限设置：对文件的上传和下载进行了权限限制，并以班组为单位，设置用户的登录 ID，以方便日后查询用户的操作情况。

（9）编制《高压试验员工网络学习系统用户使用手册》。

（10）制定配套的激励措施，鼓励员工积极共享资料。

四、金点子实施效果

（1）调查结果显示，搭建系统后培训资料的共享率达到 100%，提高了资料的共享率。

（2）系统的应用便于资料的分发、及时查找，有助于班组培训的顺利开展，有效地提高了工作效率。

（3）促进班组间的资料交流，创造了跨班组沟通交流的机会，拓展了学习的空间。

五、金点子应用注意事项

（1）系统应设置论坛留言功能，增强学习的互动性，如图 7-2 所示。

（2）对员工上传的资料要及时整理归类，以缩短员工查找资料的时间，提高资料的共享效率。

案例特点

利用信息化手段，搭建资料共享平台，实现资源共享，扩展了学习空间。

图 7-2 设置论坛留言功能，增强学习互动性

📚 **资料链接**

在线点播系统主界面，如图 7-3 所示。

图 7-3 在线点播系统主界面

建立变电站技术培训资料库

所属类别：资料库培训

案例级别：典型案例

案例单位：云南电网公司玉溪供电局

实施班组：500kV 玉溪变电站

一、班组基本情况

班组基本情况，如表 7-5 所示。

表 7-5　　　　　　　　　班组基本情况表

班组名称	500kV 玉溪变电站		主要业务			变电运行
平均年龄	28	班组人数		11		
人员学历结构	本科以上	人数	8	专科以下	人数	3
		比例	72%		比例	27%
人员技术（技能）级别结构	技术等级	高	人数	0	比例	0
		中	人数	11	比例	100%
		低	人数	0	比例	0
	技能等级	高	人数	2	比例	18%
		中	人数	9	比例	81%
		低	人数	0	比例	0

二、金点子实施背景

在电网飞速发展的今天，变电运行作为电网核心业务之一，其员工的业务能力、技术素养对保障电网安全稳定、经济合理运行的重要性日益突出。近年来，变电运行新员工不断增加，变电站间运行人员动态调整更加频繁，一定程度上制约了班组成员对站内设备的了解和熟悉。因此，合理利用资源，开展有效、及时、实用的变电运行人员技术培训显得尤为关键。玉溪变电站根据自身实际情况，建立了变电站技术培训资料库，保证了技术培训的灵活开展。

三、金点子实施情况

近年来，为提高专业人员技术业务水平，玉溪供电局主要采取了设备厂家技术人员现场培训、班组技术讲课和培训基地脱产培训三种方式开展了变电运行人员的技术培训，一定程度上提高了员工业务技能水平。为了进一步提高培训的现场性、针对性、时效性和经济性，确保培训的传播面，玉溪变电站建立了变电站技术培训资料库，其资料库培训特点如图 7-4 所示。

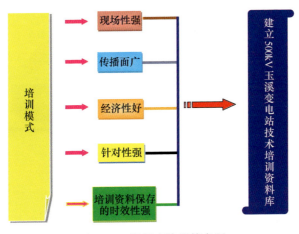

图 7-4　资料库培训特点图

具体实施情况如下：

（一）目标分析

1. 资料库内容目标分析

根据变电运行的核心业务情况，结合站内设备情况，建立设备操作方法、巡检两个业务的技术培训资料，实现班组能自行在较大范围内及时、有效地针对变电站内设备情况开展员工技术培训，如表7-6所示。

表7-6　　　　　　资料库内容目标分析表

核心业务	开展情况可行性分析	是否采用资料库开展培训
设备操作方法	要求掌握，目前变电站内具备相关资料	具备条件，采用
设备巡检项目	要求掌握，目前变电站内具备相关资料	具备条件，采用
设备异常及事故处理	要求掌握，但设备的异常及事故处理的资料是一个累积过程，目前现有资料不全	条件还不完善，暂不采用

资料库内容目标，如图7-5所示。

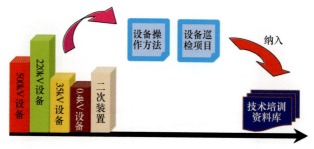

图7-5　资料库内容目标图

2. 人员参与可行性目标分析

人员参与可行性目标分析，如表7-7所示。

表7-7　　　　　　人员参与可行性目标分析表

培训模式	人员参与可行性目标分析
采用资料库开展培训	班组在排除病、事假等不确定因素下的人员缺勤，最低保障运行员工5人的前提下，最少本班组人员10人可参与进行

每次参加培训员工不少于10人，参加培训率不低于83.3%。

（二）确定资料库建立方案

班组提出建立培训资料库的两种方案：一是采用纯文字说

明方式建立;二是采用图片、视频,并配以适当文字说明方式建立。

班组对以上两种方案逐一进行了论证分析,采用打分的形式进行评估,其评估情况如表7-8所示。

表7-8　　　　　　　　资料库建立方案分析评估表

目　标	方　案	分析评估						结论
		经济性	实用性	针对性	现场性	资料的长期、有效性	综合得分	
实现班组能自行在较大范围及时、有效地针对站内设备情况开展员工技术培训	采用纯文字进行资料库的建立	4	3	2	1	4	14	不采用
	采用图片、视频,并配以适当文字说明方式进行资料库的建立	2	4	4	4	4	18	采用

根据分析及评估,选定采用图片、视频,并配以适当文字说明方式进行资料库的建立。

（三）建立资料库

根据确定的方案,建立资料库进度,如表7-9所示。

表7-9　　　　　　　　建立资料库进度表

序号	工作内容	目　标	措　施	完成时间
1	对现场设备进行照相	将选定的设备全部成像存档,为图片编辑作准备	利用站内配备的照相机进行该项工作	3~4月
2	收集设备说明书及各类相关规程	将设备说明书中操作方法、巡检项目等部分进行归类,为编辑图片文字注释作准备	摘抄说明书及各类规程中相关内容,电子版本经审核后存档	3~5月

序号	工作内容	目 标	措 施	完成时间
3	利用操作、检修机会在设备操作时进行视频采集	对操作过程进行录像,重点关注设备操作方法	利用站内配备的照相机自带的录像功能进行	3~9 月
4	对设备照片进行编辑,添加文字说明	对每一种类型的设备都独立成像编辑,并有文字注释	利用软件合成和编辑	5~8 月
5	对编辑后的图片进行审核	达到相关规程的规定	审核编辑后的图片,参照变电运行各类规程及设备说明书和作业指导书审核注释文字	9 月 30 日前
6	将审核后的图片按类存入资料库	达到清晰、完整的分类目的	对所有编辑、审核合格的资料按变电站内电压等级进行分类、归档	10 月 5 日前

（四）巩固措施

（1）为确保培训资料库的不断充实及完备，班组明确了当设备变动或有不同类型设备投产前，应对设备的操作方法、巡检项目进行收集、整理，审核无误后进入"资料库"。

（2）为确保培训资料库得以充分利用，班组制订了在交接班时定期开展班组内部技术培训的规定。

四、金点子实施效果

（1）在交接班时，运用所建立的资料库开展现场技术培训，平均参加培训率 95.83%，超过了原定 83.3%的参培目标，其参培率情况如图 7-6 所示。

（2）资料库内容全部为班组管辖设备的相关知识，与现场紧密结合，培训具有较强的针对性，如图 7-7 所示。

（3）设备共性的特点决定了资料库在兄弟班组之间必然具

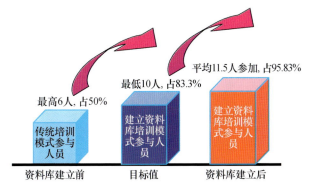

图 7-6 参培率情况图

图 7-7 资料库培训针对性强

有一定适用性，极大地扩大了信息交流的传播面，如图 7-8 所示。

（4）形成标准化管理后，资料库内容将随着设备的变更而及时更新，相关文字部分的编辑也可随着标准、规程的改编而更新，时效性好。

图7-8 资料库培训适用面广

五、金点子应用注意事项

（1）资料库的内容应与相关的技术标准、规程、规范相统一。

（2）应注重资料库内容的持续更新。

（3）应提高员工对图片、视频等素材的处理能力。

案例特点

利用相机或摄像机等器材，按照变电站技术标准、规范和规程，让员工自主建立技术培训资料库，实现了班组培训的针对性、及时性和实效性。

资料链接

500kV玉溪变电站技术培训资料库，如500kV断路器现场操作示意图和35kV电抗器巡视示意图，分别如图7-9和图7-10所示。

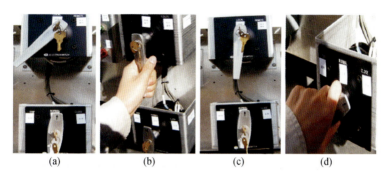

图 7 - 9　500kV 断路器现场操作示意图

（a）汇控柜切换把手的原始状态；（b）、（d）汇控柜切换把手的操作方法；
（c）汇控柜切换把手的就地状态

防雨罩完好、无螺栓松动后的响声

无松股、断股现象，接头无过热、变热、变形现象

本体无异物、裂纹和发热变黑现象，无异常响声及放电声

无污垢破损现象，法兰无锈蚀、裂纹

基础无下沉，支架无倾斜，接地良好

图 7 - 10　35kV 电抗器巡视示意图

建立培训数据库，实现培训的 PDCA

所属类别： 资料库培训

案例级别： 拓展案例

案例单位： 广东电网公司深圳供电局

实施班组： 变电一部梅林巡维中心

一、金点子实施情况

（一）收集培训信息

根据上级要求、员工需求、日常工作中所发现的问题以及新投产的设备、新启用的系统、新使用的工具等，梳理出本班组相应的培训内容。

（二）建立培训数据库

1. 建立培训资料库

以所辖变电站运行规程为主体，包括依据所发现的问题而新添加的知识点，还有各种应急措施、制度方案以及新设备、新系统的原理和操作等建立一个培训资料库。资料库按内容分类，做好目录指引，使之既是平常考核的题库，也可作为巡维中心的"数字化图书馆"。

2. 建立培训课件库

每次培训尽量做好培训课件，将其保存于课件库中，并不断地完善扩充。

3. 建立个人培训档案

培训档案记录个人每次培训的时间、效果，还包括培训后考核的成绩，作为验证培训实效性的参考资料。

（三）开展培训

（1）班组针对个别性问题、代表性问题和需要长期准确掌据的知识点等不同的类型，从数据库中调取相应资料进行差化培训。

（2）员工根据个人自身情况，到数据库中选取相应的资料进行自学。

（四）培训评价及意见反馈

每次培训完成后均由值班员填写《学员培训反馈表》，副站长根据反馈意见，适当调整培训计划及内容，扩充培训资料库，实现培训的互动和双向审核。

二、金点子实施效果

（一）发现员工的问题逐月减少

通过实施数据库培训一年后，在任务观察时发现员工的问题比培训前减少了 85.7%，因为缺乏技能而影响工作的问题出现次数减少了 50%。

（二）数据库内容的充实与完善

建立数据库之前，培训及考核内容的选取往往比较盲目，没有针对性，自从数据库建立之后，将培训内容标准统一化，

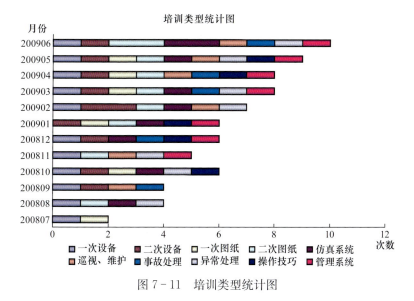

图 7-11　培训类型统计图

员工的学习有了更准确的资料参考，培训的次数以及培训的知识点也逐渐增多。

培训类型统计图，如图 7-11 所示。

案例特点

通过建立培训数据库，丰富了班组培训内容和方式，提高了班组培训的系统性、针对性和有效性。

拓展案例二

知 识 小 卡 片

所属类别：资料库培训
案例级别：拓展案例
案例单位：广东电网公司惠州供电局
实施班组：河南岸配电所

一、金点子实施情况

（一）卡片制作

（1）对全所员工进行调查，摸清员工对小卡片知识点的内容需求。员工根据自己的工作经验并结合书本，制作出与自身岗位工作最为密切相关的小卡片。

（2）所长负责对所有卡片进行筛选，并整理答案，答案要求简洁实用，条理清楚，适合记忆和背诵。整理后，制作成正式的、可执行的知识小卡片。

（二）卡片使用

（1）坚持每周至少开展一次活动，选取一张卡片进行学习。在弄懂一个问题的基础上，有针对性地进行分析和提出措施。

（2）每人每周完成与本周学习活动选取卡片有关的两道试题，并做好记录，由所长进行抽查及评分。

（3）利用停电检修的机会，对部分小卡片的内容进行实际演练，加深记忆。

（三）卡片更新

（1）对于实际工作中随时出现的新问题，当日利用班后的时间立即进行讨论，制作成小卡片，方便在所里及时传阅。

（2）对于新投运的设备，也应在投运后立即把它的操作注意事项及所在地点制作成小卡片，方便在所里及时传阅。

二、金点子实施效果

（1）通过开展相互传阅及讨论后，对小卡片知识点掌握也有了较大的提高。抽查评分为 90 分及以上的员工人数达到了 16 人，所占比例为 88.8%。与 2008 年的 61.5% 相比提高了 27.3%。

（2）通过小卡片的实施，全所人员发现问题和提出问题的积极性有所提高。知识小卡片也有了大幅度的增加，班组培训资源逐步达到一定规模。

案例特点

通过员工制作出与自身岗位工作最为密切相关的知识小卡片，将知识化整为零，便于培训使用，具有简单、实用和容易推广的特点。

拓展案例三

题 库 化 培 训

所属类别：资料库培训
案例级别：拓展案例
案例单位：贵州电网公司六盘水供电局
实施班组：220kV滥坝变电站

一、金点子实施情况

220kV滥坝变电站为了提高员工对各类设备知识的熟悉程度，开展了"题库化培训"的活动，为员工提供了全面的培训资料，其具体实施情况如下：

（1）题库内容分类：将变电站一、二次设备进行分类：一次设备分为变压器、隔离开关、电压互感器、电流互感器、电容器、电抗器、低压系统等，二次设备分为继电保护、自动装置、直流系统等，继电保护又可以按照保护配置来分，配置相同的归为一类。

（2）知识点搜集：从说明书、技术讲课、技术问答、事故预想、反事故演习、现场抽问、安全活动、事故案例、图纸资料、运行经验等方面搜集知识点。

（3）题库形成：将知识点内容以问答的形式整理出来，以题库的形式体现出来。题库编制原则是：阐述清楚、易懂，必要时附现场设备的相片图。

（4）题库使用：将"题库"放置于办公电脑桌面上，供所有值班员自学或共同学习；技术员可以将题库作为现场抽问的内容，检查学习的效果和不足，作为拟订下一阶段培训计划的直接依据。

（5）题库维护：做到目录清楚，查找方便；发现可补充的实时丰富内容；过时的内容及时删除；定期备份等。

二、金点子实施效果

（1）"题库"对实际设备应掌握的内容一目了然，为新进变电站人员较快熟悉本站的一、二次设备创造了良好的条件。学习有针对性，学习的知识点较全面。

（2）帮助值班员弥补技术上弱点。有不少值班员明知自己对某些设备的知识掌握较差，但是由于相关资料查找不便而没有进行深入的学习，而"题库"在这方面可以起到很好的"补漏"作用。

（3）"题库"为班组进行一二次设备培训任务的布置及考核提供了依据。

（4）值班员经"题库化培训"后，在倒闸操作、运行监视、异常处理等方面的业务水平都得到了明显的提高，并在工作中发现了滥坝变电站安稳装置本地策略中存在的一个问题，提出了修改意见，提高了整个变电站的安全生产水平。

案例特点

结合实际工作经验，人人参与，建立班组培训题库，迅速提高了班组员工的业务技能，简单易行。

异常、障碍及事故分析处理常态化培训

所属类别：资料库培训
案例级别：拓展案例
案例单位：超高压输电公司南宁局
实施班组：南宁区域控制中心运行分部

一、金点子实施情况

南宁区域控制中心建成正式投产时，运行人员的变电运行经验不是很丰富，具有 5 年及以上经验的员工仅占 20%。日常基础培训及事故预想、反事故演习在提高运行人员异常、障碍及事故处理能力方面存在不足，因此决定在日常工作中开展"异常、障碍及事故分析处理常态化总结培训"的活动，其具体实施情况如下：

（1）由处理异常、障碍或事故的运行值对处理的过程进行分析总结，重点分析处理过程中涉及的技术、管理上的问题，将分析总结材料与涉及的设备原理、图纸、说明书等知识点一起整理成培训材料初稿，提出疑问及需要探讨的问题，提交给技术专责审核。

（2）技术专责组织技术骨干对培训材料初稿进行审核、修改，对疑问及需要探讨的问题进行解答或向局、公司、厂家等人员进行咨询，将修改稿反馈给处理值作为月度技术培训课件。

（3）由处理值指定专人对全体运行人员进行培训。在培训过程中进行互动式讨论，对处理过程中涉及的技术、管理上的问题进行广泛探讨，讨论出一个大家广泛认可的标准处理流程。

（4）运行值根据培训过程中互动讨论的结果对培训材料进行修改，发给每个运行值班员进行学习，充分掌握同类问题的分析、判断及处理方法。

（5）对实施情况进行检查监督，将检查情况作为月度绩效考核的依据之一，对完成情况好的值进行奖励加分，对完成质量不高、敷衍了事的值进行考核。

（6）将培训中的一些内容纳入年度技术业务考试，在年度业务考试中检查培训的效果。

二、金点子实施效果

（1）通过开展"异常、障碍及事故分析处理常态化总结培训"，迅速提高了运行人员异常、事故处理能力。对比培训前，培训后运行人员在事故处理中对事故分析判断及信息汇报的时间平均每起缩短了 9.7min。

（2）能够实现运行经验的共享，迅速、普遍地提高整个部门运行人员的业务水平。在一个运行值处理某个异常、障碍或事故分析处理的经验教训能够迅速地被其他运行值所吸收消化。

（3）能够充分发挥"头脑风暴"的作用。通过在培训中的互动讨论，可以充分补充完善对各类异常、障碍或事故的分析、判断及处理方法，为以后处理同类问题找出最佳的处理方式。

案例特点

班组开展"异常、障碍及事故分析处理常态化总结培训"活动，建立和完善了班组事故处理预案，促进了运行人员对异常、事故处理能力的有效提高。

拓展案例五

换流站设备操作视频培训

所属类别：资料库培训
案例级别：拓展案例
案例单位：超高压输电公司广州局
实施班组：肇庆换流站运行二值

一、金点子实施情况

换流站内设备众多，操作复杂。由于设备大多为国外引进，无历史操作经验，且设备操作说明书全英文，不易理解。设备操作培训以往只有书面教材和口头讲解，不利于学习者掌握。为解决上述问题，开展了"换流站设备操作视频培训"的活动，其具体实施情况如下：

（1）确定操作培训视频拍摄内容及脚本，主要为换流站内的各种基本操作，包括直流接地开关、隔离开关、断路器的就地操作，500kV 交流接地开关、隔离开关、断路器的就地操作及各类设备巡视等。

（2）在现场条件允许的情况下，由值班员担任演员，进行现场实际设备操作，拍摄操作过程及注意要点，后期再进行剪辑、配音、合成等制作。

（3）通过定期的人人上讲台培训和视频培训相结合，将换流站现场操作培训视频光盘，推广使用。

（4）通过站内考试，定期统计培训积分，进行运行人员季度评优活动，给予一定的奖励。

二、金点子实施效果

（1）设备操作现场操作培训视频通俗易懂，学习掌握效果良好。

（2）由于换流站设备的相似性，肇庆换流站现场操作培训视频也在其他换流站中得到推广使用，成为换流站值班员技能培训中的重要资料。

案例特点

利用操作视频开展规范操作类培训，清晰直观、简单易懂，音像资料可以长期保存和相互共享，便于员工迅速掌握及反复练习。

拓展案例六

编制班组专业技术小手册

所属类别：资料库培训
案例级别：拓展案例
案例单位：调峰调频发电公司天生桥水力发电总厂
实施班组：检修部继电保护班

一、金点子实施情况

由于继电保护班的整体技术水平和专业发展要求与实际存在一定的差距，同时水电厂工作和倒班方式的特殊性，造成开展大规模集中学习讨论的时间非常有限。因此，继电保护班采取了"编制专业技术小手册"的培训活动，以满足自主学习的需要，其具体实施情况如下：

（1）在班组内部实行轮流负责制，定期编制《继电保护学习月报》，每期一个主题，内容包括：该期主题的理论知识、原理引用；相关规程和反事故措施内容，技术难题等。

（2）收集汇总本单位建厂以来电气二次专业的不安全事件，编辑成《天生桥水力发电总厂电气二次不安全事件汇编》，作为班组每周安全学习和主题学习的重要内容。对每一件不安全事件进行讨论分析，集思广益，总结经验，吸取教训。

（3）针对本厂继电保护装置出现的一些问题和运行人员对继电保护方面存在的各种疑问，编制《天生桥水力发电总厂继电保护专业常见问题解答》手册，并分发给发电部运行人员和继电保护相关人员作为学习资料。

二、金点子实施效果

（1）《继电保护学习月报》，作为班组学习交流的平台，极大提高了班组整体技术水平。每一期的编辑负责人为编制好一期的月报，会大量阅读学习相关的知识和规程规定，最后提炼形成知识含量极高的学习报。编辑负责人收获的是技术水平的提高和很大的成就感，并且带动其他成员的学习进步。班组曾出现两人积极争先抢着要编制一期月报的情况。

（2）通过学习《天生桥水力发电总厂电气二次不安全事件汇编》，提高了班员的安全意识、工作责任感和专业技术水平，提高了班组的安全管理水平，有效杜绝了不安全行为和不安全事件的发生。

（3）《天生桥水力发电总厂继电保护专业常见问题解答》手册为继电保护专业技术人员、运行人员提供了便携实用的学习资料，提高了运行人员的工作效率。

（4）班组教育培训积分和培训质量显著提高。班组教育培训工作有序开展，班员学习气氛浓厚。老员工学习主动性和学习热情增强；新员工学习进步快。班组整体技术水平显著提高，继电保护班实现连续三年继电保护正确动作率达到 100％。

案例特点

班组编制各类专业技术小手册，作为班组及相关人员学习交流的资料，方便员工进行自学，有力地提高了本班组整体的技术水平及相关专业人员的工作效率。

第八部分　以会带训

以会带训是以会议方式，包括班前班后会以及专题技术研讨会等形式进行的培训，充分利用每天必须进行的班前班后会的时间进行常态化培训。另外还可结合专题技术研讨会等，对专项技术进行针对性的集中培训。

以会带训具有实用性、渗透性、针对性很强的特点，它把日常工作中遇到的难题以及在工作中需要运用到的知识、技能作为培训内容融合到会议当中，使员工的知识技能在日积月累中得到提升。

以会带训在会前要做好培训内容准备，包括日常工作积累和整理的资料，做到有目标、有计划、有步骤地进行，减少培训的随意性。

以会带训可操作性强，适合于企业的班组培训，可广泛应用于一线生产班组。

营业厅早会式培训

所属类别：以会带训

案例级别：典型案例

案例单位：广东电网公司深圳供电局

实施班组：宝安供电局宝城供电所营业厅班

一、班组基本情况

班组基本情况，如表8-1所示。

表8-1　　　　　　　　班组基本情况表

班组名称	宝城供电所营业厅班			主要业务		用电供电营业业务
平均年龄	28岁	班组人数		21		
人员学历结构	本科以上	人数		11	专科以下	人数	10
		比例		52%		比例	48%
人员技术（技能）级别结构		技术等级	高	人数	0	比例	0
			中	人数	2	比例	10%
			低	人数	0	比例	0
		技能等级	高	人数	5	比例	24%
			中	人数	11	比例	52%
			低	人数	5	比例	24%

二、金点子实施背景

营业厅的客户流量和营业量的快速增长，对营业员的工作带来了更高的质、量、效的要求。因此，对营业员的业务素质、服务技能、应急能力的培训工作成为首要之急。为此，宝城供电所营业厅班积极创新培训方式，从2008年开始正式实施"营业厅早会式培训"的活动。

三、金点子实施情况

（一）制订培训方案

1. 现状调查

在营业厅的工作量剧增，营业员面临更高要求的服务态度、服务技能和专业知识的考验之际，宝城供电所营业厅举行内部现状调查，其调查结果如表 8-2 所示。

表 8-2　　　　　　　营业厅现状调查结果表

希望自我改进的部分	选择人数	希望接受培训或了解的内容	选择人数
营业礼仪、服务态度	6	总结前一天整体营业情况	21
服务技巧与消除客户误解技巧	15	共同讨论投诉问题与陌生新问题	18
提高工作效率、工作质量	7	优秀供电事迹文章选摘	10
提升工作积极性	5	模拟真实工作场景，解决实际难题	10
提高工作能力，实现自我一职多能	10	学习相关操作系统知识和业务知识	12

2. 编制培训内容

完成现状调查后，召开培训策划会议，将调查数据进行处理整合，深入分析现存问题，研究培训重点，编制培训内容。

如图 8-1 所示，意见征集结果分析情况如下：

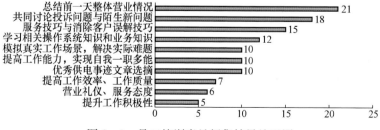

图 8-1　员工培训意见征集结果处理图

（1）"总结前一天整体营业情况"项获得到了全体营业员的投票认同，确定为早会培训的固定内容。

（2）"讨论投诉问题和陌生的新问题"和"服务技巧与消除客户误解技巧"项分列第二、第三，该两项确定为重点培训内容。

（3）精神面貌和工作状态的好坏直接影响到业务完成的效率和质量。因此，爱岗情操的培养和精神激励应着重关注，同样确定为培训的重点部分。

（4）其他调查项同样不可忽略。考虑到培训的时间限制以及工作节奏紧张等因素，其他培训内容确定为可选培训板块，不定期举行该部分内容的培训。

3. 明确培训目标

分析现况，从"是否有利于培训的开展"的角度出发，概括开展培训的有利条件与需克服的阻力因素，制订清晰、合理、可执行的培训目标。

4. 设计最佳培训流程

综合培训内容与目标，设计最佳培训流程。

5. 完善培训方案

合理实施培训，不断查漏补缺，完善培训方案。

6. 制订措施

制订措施以保障培训的有效进行，巩固培训成果，保持良性循环。

（二）培训实施

（1）定于正常工作日（星期一至星期五），早上 8 点 15 分，以班早会的形式进行培训，培训地点定于营业大厅。

（2）设计个性化激励口号，增强团队凝聚力，以鼓舞一天工作开始时员工的精神面貌和工作状态，如图 8-2 所示。

（3）实施早会培训主持轮值制度，提升每一位员工在培训过程中的融入度、参与感，训练个人表达能力。

图8-2　设计个性化激励，增强团队凝聚力，
鼓舞员工精神面貌和工作状态

（4）早会培训分为两部分。第一部分属于固定内容，根据最新的营业情况和工作安排，由班长统一调配人员的岗位布置及任务分配，促进员工一职多能、全面发展；第二部分为辅助内容，由轮值主持人根据情况和资料确定学习培训的内容。

四、金点子实施效果

开展培训后，营业厅全体员工的素质水平得到了非常明显的提高，在业务工作总量连年持续上升的情况下，投诉总数呈直线下降趋势。2008年的客户投诉单数比2007年下降了91.9%，2009年的投诉单数再比2008年下降了93.8%。其他客户反馈数据，包括举报、建议、反映问题也呈明显下降趋势，明显上扬的指数是客户表扬数。由数据表明，早会式培训效果达到了预期的目的，如图8-3所示。

五、金点子应用注意事项

（1）轮休人员和休假人员容易错过连续性培训的部分环节，要做好培训的学习日志，并将相关资料整理存档，以供错

图 8-3　早会式培训效果

过培训的员工学习。

（2）要持之以恒地实施有效的奖惩制度，才能确保培训计划的正常推行。

（3）员工的真实工作情绪、面临难题和感受，可作为调整下月培训内容的考虑因素。

案例特点

充分利用每天早会人员相对集中的时间进行培训，设置培训重点，开展连续性主题培训，使早会达到了以会带训的最佳效果。

资料链接

"营业厅早会式培训"现场活动图，如图 8-4 和图 8-5 所示。

图 8-4 "营业厅早会式培训"现场活动图之一

图 8-5 "营业厅早会式培训"现场活动图之二

班组"诸葛亮"会

所属类别：以会带训
案例级别：拓展案例
案例单位：广西电网公司南宁供电局
实施班组：用电检查一班

一、金点子实施情况

利用班前会充分开展培训，采取参与式、体验式等培训方式，人人参与学习与研讨，调动大家的积极性，发挥集体的力量，提高培训的效果，把班前会真正开成"班组'诸葛亮'会"的培训活动，其具体实施情况如下：

（一）培训需求调查

从班组实际工作需要出发，梳理工作中所需要的有关技能、技术要点，将其细化后，与员工实际能力进行对比，找出存在的问题。

（二）培训方案制订

根据得到的培训需求，结合局、部门的培训计划要求，班组制订适合班组实际情况的培训实施方案，并通过班前会这一平台组织实施。

（三）培训具体实施

（1）班前会由值周班长主持，各检查小组简要汇报前一日工作情况，对工作中遇到的问题，作为具体案例，由大家进行分析、讨论。

（2）值周班长对前一日工作进行总结、点评并布置当日工作，正式班长作为辅导人员对值周班长的总结和安排进行补充，从而使值周班长知道自己在管理工作上存在的不足。

（3）结合部门制订全年的专题培训计划，班组培训员把每月的专题培训内容细化，每天按照分解内容进行培训，指明重点。在具体培训的过程中，安排提问、小测验等互动环节。

（4）每个班组员工做一个课件，当一次老师。班组将员工当老师的时间安排到计划表内，根据计划，定期由班组员工当一次老师，利用班前会对全体班组员工进行培训。

（5）不定期邀请部门领导、专责参加班前会，对实际工作进行点评，对技术难点进行指导讲解，以推进班组培训的深度。

（四）建立培训奖惩制度

（1）将培训成绩、培训积分纳入个人年终综合评分。

（2）每年开展技能竞赛和技能比武，有针对性地选拔、培养全能技术能手，获奖选手优先享受外出学习、比赛的机会。

二、金点子实施效果

通过利用班前会这一平台进行培训工作，使培训能常态化开展，同时由于培训项目结合了具体的工作实例，针对性非常强，培训效果很好，班组员工素质和能力得到较快提高。其中有2位年轻员工代表部门参加南宁供电网区技能竞赛，获得"个人二等奖，团体三等奖"的优良成绩；参加广西电网公司组织的新员工考试的通过率100%，安全知识考试合格率100%，全部获得了满分。

案例特点

根据员工培训需求的调查情况，制订班组培训计划，在班前会上进行讲解讨论，人人参与，发挥集体智慧，提高岗位技能。

拓展案例二

班组培训"双龙"会

所属类别：以会带训

案例级别：拓展案例

案例单位：广东电网公司韶关供电局

实施班组：计量部现场装表班

一、金点子实施情况

利用"班前班后会"和"专题会"开展常态化培训和针对性培训，使之成为提高员工素质和能力的"班组培训'双龙'会"的活动，其具体实施情况如下：

1. 班前班后会常态化培训

（1）提出难点：班前会派工时班长提出工作的关键环节、重点和难点。

（2）陈述要点：根据班长提出的工作难点，工作负责人依照工作流程，简述本次工作任务的要点，执行过程中需要注意事项。

（3）分享经验：有经验的员工针对本次工作任务分享自己的工作体会，自己以前是怎么做的，在执行这项任务中通常会遇到什么问题，如何解决这些问题。

（4）回顾总结：工作完成后工作负责人总结本次工作完成情况，工作班成员回顾本次工作任务的工作方法及工作流程，对有疑问的地方提出集体讨论，最后班长对本项工作的完成情况作出评价。

（5）亡羊补牢：对工作中存在的知识、技能短板进行及时的补充，通过自学、请教师傅等方式进行，下次同类作业时要求本人首先陈述要点。

2. 专题会针对性培训

（1）培训前准备：提前向全体班组员工发布将要培训的主要内容，班组员工通过不同途径进行资料、信息的收集，在资料准备的过程中进行自我学习。

（2）培训时发言：培训时班组员工轮流讲述培训内容，尊重每一位主讲人的演讲和意见，打破"过去都是这么做就是对的，别人都是这么做就是对的"这种观念，尽量不打断、干扰主讲人，使其通过全方位的视角认真审视，找出更加有效的思维和更加高效的方法去理解老问题、解决新问题。每位主讲人陈述完自己的培训内容之后，集体讨论有争议的问题，对提出的新方法、新思路的可行性与实用性进行分析探讨。

（3）培训后总结：根据每位主讲人的发言及最后讨论的结果进行总结，对没有争议的结论融入今后的日常工作中去；对仍存分歧的问题，邀请相关专家开展进一步的深入辅导培训。

（4）培训后应用：把培训的成果应用到班前班后会常态培训中，持续回顾，融会于心，贯通于脑，指导实际工作，改善工作方法，提高工作效率。

二、金点子实施效果

经过不断的探索应用，现场计量人员改变了以前"填鸭式"的培训模式，由被动变主动，班组员工的技能水平得到了提高，表达、沟通、总结能力也有了很大的进步。同时改变了以前凡事依赖厂家的困窘局面，班组员工真正掌握了现场的实操技能及相关软件的应用。

案例特点

充分利用班前班后会进行常态化培训，结合专题技术研讨会进行针对性专题技术培训，双管齐下，效果显著。

每天十分钟，每月一交流

所属类别：以会带训

案例级别：拓展案例

案例单位：云南电网公司西双版纳供电局

实施班组：调度所

一、金点子实施情况

作为电网事故处理的指挥者，调度员的技能水平和事故处理能力在扼制电网事故和恢复电网正常运行中起着关键的作用，而每天繁忙的工作导致班组培训工作存在一定的工学矛盾。为此，西双版纳供电局调度所在培训方式上作出了有益的尝试，即采取"每天十分钟，每月一交流"的培训活动，其具体实施情况如下：

（一）前期筹备

（1）准备培训专用记录本，各值指定记录人。

（2）召开专题会议讨论分析存在的问题，针对问题，找出对策。

（3）依据岗位工作标准和岗位能力要求，建立制度，保障实施。

（4）由调度所制订下发相关激励措施和管理办法。

（二）培训实施

结合班组当日的工作任务安排培训内容，采取理论和实践相结合的方式进行。

（1）根据培训计划，逐项实施培训，培训中加强过程管控，调度所依据培训计划对培训进行全程监督。

（2）以班组为单位开展岗位竞赛活动，每月评选"明星调度员"和操作冠军,为员工技能提升提供了平台。

(3)每月开展培训评估,对培训效果进行认定。由调度所通过技能考评确认是否达到培训的效果和培训的目标。

(4)根据评估情况,实施奖励:

1)将评估成果与绩效工资相结合,体现技能提高后的相关待遇。

2)有针对性地选拔专业技术带头人,重点培养全能技术能手。

3)表彰先进。每年由调度所对培训活动进行总结,对活动中涌现出的先进个人进行奖励和表彰。

二、金点子实施效果

实施"每天十分钟,每月一交流"的培训活动后,调度员好的经验和做法得到及时交流,而且在障碍、事故处理过程中能够得到及时回顾和分析,全体员工的知识水平和事故处理能力有了明显的提高。

员工在培训交流中,提出了多项优化电网操作的建议,并被采纳应用,取得了良好的经济效益。

案例特点

通过在培训活动中持续不断的学习和总结,员工共同分析和回顾提炼,使全体员工的知识水平和事故处理能力有了明显的提高。

拓展案例四

专题技术研讨会

所属类别：以会带训

案例级别：拓展案例

案例单位：超高压输电公司检修试验中心

实施班组：直流技术部保护组

一、金点子实施情况

专题技术研讨会作为班组学习的常规培训形式，正被广泛运用于各电力企业班组，超高压输电公司检修试验中心直流技术部保护组在原学习方式的基础上进行创新，采取了"专题技术研讨会"的培训活动，其具体实施情况如下：

（1）班组确定报告主题。

（2）明确时间，每星期安排一次，根据报告主题，由班组员工轮流作"专业技术报告"。

（3）组织集体讨论分析会，对报告进行总结分析，提出改进措施和优化建议。

（4）确定培训活动地点，充分利用换流站工作场所开展培训。

（5）报告要通俗易懂，语言力求简洁明了，及时沟通存在的问题，并思考在后续培训活动中如何改进。

（6）活动总结。每季度召开总结会，由各位员工谈自己的收获并提出报告会的改进措施。

二、金点子实施效果

开展"专题技术研讨会"的培训活动后，员工素质得到较大提升，主要表现在以下几点：

（1）语言表达能力和文字组织能力得到明显提升。

（2）掌握了更多的专业知识，扩大了知识面，提高了业务能力。

（3）通过 Q & A（问与答）的形式，使员工对专业知识的理解更加深入、全面。

案例特点

通过人人参与专题报告，每个人都可作为研讨会的主角，极大地调动了员工的积极性。通过对技术问题的深入讨论、答疑解惑，实现了员工技术水平的共同提高。

天天班前培训会，日积月累人人会

所属类别： 以会带训

案例级别： 拓展案例

案例单位： 调峰调频发电公司鲁布革水力发电厂

实施班组： 检修部维护一班

一、金点子实施情况

维护一班在人员减少、工作任务增加的情况下，为了适应新的工作需要，克服班组内部原有的工种和专业限制，积极探索班组培训新思路，在"一专多能"上下工夫，通过班前会实施"天天班前培训会，日积月累人人会"的有效培训活动，其具体实施情况如下：

（一）问题调查与分析

对员工的技能掌握情况和培训工作现状进行了调查，结果如下：

1. 员工技能掌握情况调查表

员工技能掌握情况调查，如表8-3所示。

表8-3　　　　　　　员工技能掌握情况调查表

单项技能			多项技能		
技能项目	掌握人数	所占比例	数量	掌握人数	所占比例
照明系统维护	6	100%	一种	6	100%
保护装置维护	1	17%	二种	6	100%
自动化系统维护	2	33%	三种	2	33%
测量系统维护	1	17%	四种	1	17%
水系统维护	2	33%	五种及以上	0	0
气系统维护	2	33%			

技能项目	单项技能		多项技能		
	掌握人数	所占比例	数量	掌握人数	所占比例
电气设备维护	2	33%			
机械设备维护	2	33%			

2. 班组培训状况调查分析

（1）班组培训内容不具体，针对性不强。由于没有预先设立具体的培训目标与要求，班组培训无序现象严重。

（2）培训内容由班组培训员自行决定，找到什么学什么，随意性较大，培训效果不佳。

（3）班组培训缺乏激励机制，员工普遍认为"学与不学一个样，学多学少一个样"，员工学习主动性不强。

（二）培训活动具体实施

（1）针对相关问题，制订培训计划。

（2）将培训计划分成若干单元，每轮班为一个学习阶段，分批次完成学习目标。

（3）在每天班前会上，宣布事先准备好的学习内容，必要时进行一些讲解。

（4）每轮班会后把学习内容录入班组考试系统试题库，并进行考试评估，对成绩优异者进行奖励。

二、金点子实施效果

实施培训两年来，班组员工的技能水平有了较大幅度地提升，其提升情况如表8-4所示。

表8-4　　　　班组培训实施后技能水平提升情况表

技能分类	2007年		2009年	
	熟悉人员	百分比	熟悉人员	百分比
照明系统维护	6	100%	6	100%
保护装置维护	1	17%	2	33%
自动化系统维护	2	33%	3	50%

技能分类	2007 年		2009 年	
	熟悉人员	百分比	熟悉人员	百分比
测量系统维护	1	17%	3	50%
水系统维护	2	33%	3	50%
气系统维护	2	33%	3	50%
电气设备维护	2	33%	4	66%
机械设备维护	2	33%	3	50%

案例特点

针对班组员工技能水平的掌握情况，制订员工学习计划，并充分利用天天班前会开展培训，收到良好效果。

第九部分　定制培训

　　定制培训是指根据企业的需求和员工个体的差异性等实际情况，量身定制适合培训对象特征和企业需求的培训方案，以达到解决企业和员工个人实际需求目标的一种培训模式。

　　定制培训能够科学合理地设定培训目标，安排培训内容，具有针对性强、灵活性强、实效性强等特点。

　　定制培训在实施培训的过程中需要强化培训需求调研，清楚地把握企业的实际需求和存在瓶颈，特别是要清楚了解培训对象的个体能力、特征等实际差异情况，找准短板和突破口，合理地设置培训目标，因材施教地安排培训方式和培训内容，同时在培训结束后一定时间内，要及时根据培训目标，有针对地进行考核评估和检验，把握定制培训的有效性，作为下一步培训方案改进的实际依据。

　　定制培训具有很强的实用性和可操作性，能够非常高效地解决目前企业中存在的员工水平参差不齐的实际问题，通过人性化的定制培训，切实提高不同水平的员工能力，增强人岗匹配度，满足企业的实际需求，可广泛应用于企业的班组培训之中。

差异化与模块化班组培训

所属类别：定制培训

案例级别：典型案例

案例单位：广东电网公司佛山供电局

实施班组：高明供电局杨和供电所运检班

一、班组基本情况

班组基本情况，如表9-1所示。

表9-1　　　　　　　　　　班组基本情况表

班组名称	杨和供电所运检班		主要业务		配电运行维护	
平均年龄	45	班组人数	20			
人员学历结构	本科以上	人数	1	专科以下	人数	19
		比例	5%		比例	95%
人员技术（技能）级别结构	技术等级	高	人数	0	比例	0
		中	人数	0	比例	0
		低	人数	1	比例	5%
	技能等级	高	人数	2	比例	10
		中	人数	18	比例	90%
		低	人数	0	比例	0

二、金点子实施背景

随着企业各项业务要求的不断规范，高明供电局部分班组员工业务素质不能满足岗位要求的现象更为凸显。一方面，员工信息化应用能力偏低，业务技能不熟练，工作效率和质量不高，班组业务主要压在少数骨干身上，存在明显的任务分配不均现象；另一方面，班组培训内容过于"大而全"，缺乏针对性和系统性，对不同岗位、不同层次的员工在培训上缺乏差异，导致培训实效不理想。

在此背景下，高明供电局着力于提高班组培训的针对性和系统性，积极探索和实施"差异化与模块化班组培训"活动，杨和供电所运检班是其中具有代表性的班组。

三、金点子实施情况

（一）建立班组培训组织保障

成立领导小组及培训办公室，指导、督促和协调培训工作的具体实施。例如，组建运检、营销专业组，分别负责研讨制定运检类、营销类班组的培训内容及培训计划，并负责提供培训的师资及技术资源。

（二）培训内容突出"差异化、模块化"特点

1. "差异化"

（1）遵循"干什么，学什么"的原则，针对不同岗位制定不同的培训内容；

（2）遵循"缺什么，补什么"的原则，针对不同层次员工设立不同的培训目标，量体裁衣，分别实施不同深度和广度的培训。

2. "模块化"

"模块化"是指将全年培训内容按阶段进行模块化分割，每个阶段确定一个核心内容为培训和考核的重点，年度培训计划分为"安全规程"、"业务实操"、"计算机应用"三大培训模块，每个模块大约实施3个月，对每个模块制订具体的培训和考核内容，实施阶段性考核，这样的设置增强了培训的计划性、系统性和可操作性。

突出"差异化、模块化"特点示意图，如图9-1所示。

（三）按班组培训计划组织培训

编制印发《班组岗位技能培训方案》，明确每个模块的培训内容、培训计划、考核时间；制订可操作性强的工作计划

图9-1 突出"差异化、模块化"特点示意图

表，分解任务，明确责任人和完成期限，并严格按照计划推进，确保学员每年内部集中培训不低于48学时/人；培训师资由外部老师和内部技术骨干组成，除了开展集中轮训外，更要注重班组业务适应性培训。

（四）按培训模块实施阶段性考核

每个模块（阶段）培训结束后，由培训办公室协调各专业组根据培训的主要内容，开展阶段性考核（每年至少3次）。员工年度培训考核成绩为各模块考核成绩的加权平均，并与员工绩效挂钩。对考核成绩优秀的员工进行奖励，对经过培训补考仍不合格的，则视情况进行调岗或待岗处理。

按培训模块实施阶段性考核，如图9-2所示。

（五）按模块总结分析培训考核效果

对每个模块的考核成绩编制印发分析报告，每年对班组年度培训及考核情况进行总结评估，持续优化班组岗位培训方案。

图 9-2　按培训模块实施阶段性考核

四、金点子实施效果

如图 9-3 所示，"差异化、模块化"班组培训成效主要体现在以下三个方面：

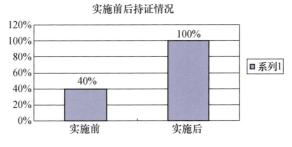

实施前后持证情况

图 9-3　实施前后持证情况图

（1）持证率和持证结构显著改善。实施差异化培训前后，中级工持证率由 40% 提高到 100%，并有 2 人考取高级工。

（2）实施"计算机应用"的模块培训后，班组员工都能独立进行日常所需的办公系统基本操作。相对培训前，班组员工信息化应用能力显著提高。

（3）班组后进员工的业务适应性得到改善，有效缓解班组任务分配不均的现象，减轻班组业务骨干压力，促进班组和谐工作氛围。

五、金点子应用注意事项

（1）要注重培训考核的公平性。考核主要依靠内部员工担任考评员，由于考核者和被考核者之间比较熟悉，要避免"讲人情"现象的发生，以保证培训考核的公平性。

（2）要注重对内部培训师的激励和培养。要加强内部培训师在课件制作、授课技巧等方面的能力提升，保证班组培训的效果。

（3）要注重课程的开发和完善。在现有培训内容的基础上，逐步完善并形成可用的培训课程和课件。

⚖ 案例特点

针对员工的实际差异情况，找准短板和突破口，合理设置培训目标，因材施教。

📚 资料链接

1. 班组各模块培训内容

2009 年班组各模块培训内容，如表 9-2 所示。

表 9-2　　　　　2009 年班组各模块培训内容表

运检班培训内容指引					
阶段	培训重点	序号	适用类别	培训内容	备注
第一阶段	安全规程	1	A\B\C	《电业安全工作规程》、《防止人身伤亡事故十项重点措施》、"两票"有关管理规定、"十个规定动作"宣传教育，企业安全生产规章制度等，并作为安全规程考试考前内容	以省公司编印的题库为主要教材

运检班培训内容指引

阶段	培训重点	序号	适用类别	培训内容	备注
第一阶段	安全规程	2	A\B\C	电力生产典型事故案例的原因分析和警示教育；反违章教育；事故预防心理分析及行为指导培训	
第二阶段	专业业务	1	A\B\C	掌握绝缘电阻表、接地绝缘电阻表、万用表、钳型电流表、测距仪、GPS 定位仪和红外成像仪	
		2	A\B	掌握登高工器具的正确使用，掌握登杆作业技能	
		3	A\B\C	掌握户内外 10kV/0.4kV 开关操作的正确方法	
		4	A\B	会根据工作内容填写工作票、操作票，会改错票	
		5	A\B	掌握配网地理信息系统的基本操作，如台账查询等	
		6	A\B\C	掌握配电网生产管理系统的基本操作	2008 年投入使用的系统
		7	A\B\C	掌握触电急救方法	安全培训
		8	A\B\C	掌握灭火器的使用、掌握火灾逃生基本技能；掌握交通安全培训内容	安全培训
第三阶段	计算机应用	1	A\B	计算机应用基础：掌握计算机 Windows 基本技能（包括搜索、创建、移动、删除等文件管理）；会打字（拼音、五笔或手写等任选一）；会 Excel 及 Word 的简单编辑及打印，在计算机上填报基本的内容	
		2	A\B\C	掌握佛山供电局企业门户的基本使用，如登陆、阅读网站上相关信息，按照指定路径点击进入相关页面等	

典型案例 差异化与模块化班组培训

运检班培训内容指引					
阶段	培训重点	序号	适用类别	培训内容	备注
第三阶段	计算机应用	3	A\B\C	掌握佛山供电局 E-learning（网络教育系统）基本应用，会登陆并进行网络练习、考试等	2009 年将采用该系统进行相关培训
		4	A\B\C	掌握绩效考核系统的基本使用：登录、查询个人信息（如工资、简历、培训档案、技能等级等）、个人业务填报（如培训班报名、培训积分填报、培训需求上报、休假申报等员工自助模块功能应能掌握）	
		5	A\B\C	掌握 OAK 系统的基本操作，如阅读、保存文件；接收/发送/删除邮件；查看领导批示等	

2. 岗位技能培训方案

佛山高明供电局 2008 年岗位技能培训方案

"大佛山、一体化"改革以来，高明供电局大力探索和创新岗位技能培训及考核方法，实施差异化、模块化岗位技能培训，取得良好的效果，员工的基本技能有一定程度的提高。但前期开展的培训主要针对最基础的知识和技能，考核标准相对宽松，而岗位培训是长期性、系统性的工作，为循序渐进地推进培训工作，进一步提升员工的技能，需要在 2007 年基础上，对培训内容、考核标准等方面进一步严格要求，以更好地适应安全生产和岗位工作要求。

（一）成立岗位技能培训考核领导组

组　　长：

副组长：

成　　员：

领导组下设办公室，人员如下：

主　任：

副主任：

成　员：

领导组负责审定培训方案及考核方案，协调安排培训资源和解决培训、考核过程重大问题；领导组办公室负责岗位培训和考核的日常工作，办公地点设在综合部。

（二）成立培训考核专业组，成员如下：

1. 运检专业组

组长：

组员：

2. 营销专业组

组长：

组员：

3. 规划建设专业组

组长：

组员：

4. 综合管理专业组

组长：

组员：

培训考核专业组负责制订各自专业范围内的考核方案（包括考核内容、考核程序、考核工作人员安排、评分标准等），报送培训领导组审批，并协助外培训机构实施考核，汇总上报考核结果。

1. 在前期培训的基础上，通过提升一定的培训广度和难度，严格考核措施，促使员工提高接受培训和自学的自觉性，进一步提升知识和技能，形成良好学习氛围。同时，培训考核结果作为调整岗位结构、优化人员结构的依据。

2. 通过培训考核，提高员工信息化应用能力，大部分员工能满足 OAK、绩效系统、GIS 系统、配网生产系统、营销系统等常用办公自动化系统的基本应用，缓解班组计算机应用工作任务分配不均的现象。

3. 通过培训考核，促进我局员工积极参加技能鉴定，进一步提高高明供电局班组员工技能等级证书持有率。

本次培训对象为杨和供电所员工。根据对高明供电局员工年龄和学历分布状况的调查和统计，把学员分为 A、B、C 三类，分别考核不同广度和难度的内容，分类标准如下：

1. 截至 2007 年 12 月 31 日，未满 35 周岁的，为 A 类；年龄已满 35 周岁，未满 50 周岁的，为 B 类；年龄已满 50 周岁及以上的为 C 类。

2. 经理、副经理、班长、副班长、营销管理员、运行管理员、综合管理员不考虑年龄，全部归属 A 类。

本次培训的内容以实际技能为主，培训内容根据各岗位的实际工作需要来安排，不同类别员工考核不同模块及不同难度的内容，考核难度适中，不超出本人从事岗位所必需的要求。培训内容按照学员分类对应分为 A、B、C 三类，分别适应不同难度与广度。

各专业、各类别培训考核内容请见《附件 1：培训内容指引》。

1. 本次培训以各供电所自行组织为主，以局统一组织集中培训为辅。请各所根据方案制订本所培训实施细则，落实时间、地点和培训师资安排。对应不同的培训模块，各供电所要在每个班组指定培训师资，有必要也可采用结对方式进行辅导，内部培训班经费按照局教育培训经费管理办法执行。

2. 各专业组对各自专业范围内的培训进行监督指导和协助；

（1）以检查、测验或印发模拟试题（或考试指引）的方式使得学员明确考试的内容、方式和具体要求。

（2）要求各专业组对于每一个考核模块，至少印发一份模拟试题（含答案）。对于实操考核内容，要印发考试指引或评分标准。

（3）对于每个模块中一些比较共性的内容，局将安排师资开班培训。

3. 各专业组根据本方案制订各模块的具体考核内容、考核程序和评分标准，提供给外培训机构开展考核。

工作要点和时间安排，如表 9-3 所示。

表 9-3   工作要点和时间安排表

阶　　段	项　　目		预计时间	牵头单位
方案制订阶段	编制方案		2 月	综合部
	印发方案，上报实施计划		3 月	各供电所
培训、考核实施阶段	组织培训、上报培训统计		3～10 月	各供电所
	组织培训班，检查、指导培训工作		3～11 月	各专业组
	营销	办公自动化模块考核	5 月	专业组/外培训机构
		专业实操模块考核	8 月	专业组/外培训机构
		理论知识模块考核	10 月	专业组/外培训机构
		语言、服务礼仪模块考核	11 月	专业组/外培训机构
	运检	办公自动化模块考核	5 月	专业组/外培训机构
		专业实操模块考核	8 月	专业组/外培训机构
		理论知识模块考核	10 月	专业组/外培训机构
	规划建设	专业实操模块考核	8 月	专业组/外培训机构
		理论知识模块考核	10 月	专业组/外培训机构
	综合管理	办公自动化	5 月	专业组/外培训机构
		理论知识	10 月	专业组/外培训机构
竞赛阶段	组织开展与培训内容相对应的竞赛项目		11 月	工会/专业组

1. 各模块的考核分步进行，即考核完一个模块再到下一个模块。各模块、各类别的具体考核内容、评分标准及合格分数线由各专业组制定。

2. 任何一个模块不合格的，给予一次补考机会。有补考情况的，以两次考试中的最高成绩为该模块的最终成绩。

3. 各模块成绩占总成绩一定的权重，学员考完应考的所有模块，以最终总成绩（各模块加权总分）作为考核指标。各专业模块所占总成绩权重，如表9-4所示。

表9-4　　　　各专业模块所占总成绩权重表

专　　业	模　　块	占总成绩权重	备注
营　　销	办公自动化	25%	
	专业实操	25%	
	理论知识	25%	
	服务礼仪及语言（普通话）	25%	
运　　检	办公自动化	30%	
	专业实操	40%	
	理论知识	30%	
规划建设	理论知识	50%	
	专业实操	50%	
综合管理	办公自动化	50%	
	理论知识	50%	

4. 考核结果与绩效考核挂钩。每个模块考核成绩将相应反映在该季度绩效考核结果中。对于总成绩不合格的学员，年度绩效视情况定为基本称职或不称职，给予2个月时间学习培训，再组织进行考核，若仍未能达到合格标准，则根据实际调整岗位。

5. 为促使部门经理和班组长高度重视培训，员工的考核结果将作为培训员、部门经理、班组长年度绩效考核的重要参考依据。

6. 为保证考核过程的严格和公正性，本次岗位技能考核将尽可能委托外部培训机构进行，各专业组协助。

7. 员工对考核的内容、过程、结果的公平性、合理性有任何异议的，可以书面形式向培训领导小组办公室提出申诉。培训领导小组办公室将认真调查和处理，并在收到申诉后 5 个工作日内给予答复。

8. 各专业组根据考核结果，评选各自专业 10％的优秀员工上报，上报时要说明评选标准和理由，局将给予这部分员工奖励。具体奖励方案由局培训领导组办公室编制并报领导组批准后执行。

9. 为检验岗位培训效果，将在各模块考核完成后，组织相应的知识和技能竞赛项目，并以此进一步促进良好互动的竞争氛围。

附件 1：培训内容指引（略）

附件 2：内部培训班（需求）计划表（略）

3. 培训及考核现场图片

（1）实施"差异化、模块化"班组培训现场图，如图 9 - 4 所示。

图 9 - 4　实施"差异化、模块化"班组培训现场图

（2）实施"差异化、模块化"班组考核现场图，如图 9 - 5 所示。

图 9 - 5　实施"差异化、模块化"班组考核现场图

差异化阶段式目标控制法

所属类别：定制培训
案例级别：拓展案例
案例单位：广东电网公司佛山供电局
实施班组：变电一部

一、金点子实施情况

班组员工理论水平与技术能力各有不同，差异较大；同时每个人对未来能力的提升没有明确的目标，也没有相应的学习计划。以往的培训容易忽视个人的技术特点，培训效果差。针对上述情况，佛山供电局变电一部采取了"差异化阶段式目标控制法"的培训活动，其具体实施情况如下：

（一）自我审视，制订个人培训目标

由班组员工对比岗位工作要求，根据自身情况制订自己的培训目标。

（二）集思广益，形成阶段性培训目标

班组召开培训会议，对个人制订的目标进行审核与修改，形成阶段性的培训目标。

（三）制订培训计划，多种方式实现培训目标

根据每个人的阶段性培训目标，形成阶段性培训计划，采取多种培训方式实现阶段性目标，其采用的培训方式有以下几种：

1. 师徒传帮带

各班组员工根据自己的能力短板，与具备相应技能的班组技术骨干形成"一对一"的传帮带关系，组成结对的两名班员，在日常及工余时间中互相进行技术培训，采取互相提

问、现场观察、授课培训等多种形式，互取长短，不断提高。

2. 班组集中培训

对于多名班组员工共同缺乏的知识，可采取公共授课的方式集中培训。

3. 邀请外援

对于某些难点和较为高深的理论知识，可以邀请专家进行知识传授。

（四）定期检验培训效果

定期由班组技术培训员组织培训效果检验。

1. 理论检验

（1）理论考试：采用理论试卷进行考试。

（2）理论讲课：由班组员工对某理论知识点进行讲课，讲课质量由培训员进行考评，班长进行审核。

2. 实操能力检验

现场技能考核形式：被考核的员工按选定的项目进行实际操作，其他班组员工按照作业指导书的要求对被考核的员工进行考评打分，达到互相纠正、互相提高技能水平的目的。

3. 培训检验结果分析

将培训检验结果与培训目标进行对比，已达到培训目标的，可以制订新一轮的培训目标；未达到培训目标的，培训者与被培训者共同分析原因，修正培训方案后再次进行培训。

二、金点子实施效果

"差异化阶段式目标控制法"的培训活动，使每位班组员工得到了针对性极强的理论与技能实践培训。经过培训后，班组员工各种技能都有了较大程度的提高，对定检这一最基本技能的掌握率已达到100%，提高了工作效率，并且保证了较高的工作质量。

案例特点

　　根据每位班组员工的需求，制订阶段性培训计划，采取多种培训方式，实现阶段性培训目标。

拓展案例一　差异化阶段式目标控制法

拓展案例二

模 块 化 培 训

所属类别：定制培训

案例级别：拓展案例

案例单位：广西电网公司南宁供电局

实施班组：变电运行管理所500kV邕州变电站

一、金点子实施情况

以前培训工作缺乏系统性，对员工应掌握的知识范围、技能内容缺乏具体的指导，培训工作主要在"查缺补漏"，培训内容较为杂乱、随意性，培训效果差。针对上述所存在的问题，南宁供电局变电运行管理所策划实施了"模块化培训"的活动，其具体实施情况如下：

（1）根据岗位和员工培训需求，制订年度培训计划，实施培训和考核。

（2）将员工需掌握的基础理论、应知应会、三熟三能、岗位技能等内容进行整理、归类，最终整理出20个培训模块的横向分类和5个培训方向的纵向分类，对员工进行网络化的培训和监控。

（3）将培训模块在全体员工中进行培训需求调查，将培训需求最多的12个模块按得票数进行排序，编制成年度的培训计划，具体落实到每月中按"需"开展培训。

（4）每月由指定的培训讲师按照计划整理培训材料并制作成课件授课。授课后，由培训小组根据培训效果对课件进行进一步的修订，修订后的课件收入变电站典型培训课件库，以作为该模块培训的标准课件，最终形成变电站一套完整的模块化培训课件。

（5）通过电工基础、技能基础、调度业务、现场知识、安全技能这5个培训方向对员工的能力进行考核和评估。对每次培训后的考试情况进行分析，做出员工"能力雷达图"，使员工了解自身的不足，就如"木桶理论"，抓住问题的重点，实现整体能力的提升。

（6）通过分析考试结果，将普遍存在的问题和亟须熟悉的知识在每周一进行专题学习。员工还可根据年度培训计划内的辅助培训内容，着重提升自身"短板"部分，从而达到整体提升的效果。

二、金点子实施效果

经过半年的模块化培训，员工的综合能力提高显著，图9-6为某位员工在培训前后的"能力雷达图"对比。

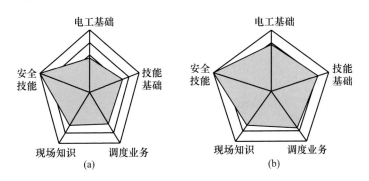

图9-6 某位员工在培训前后的"能力雷达图"对比
（a）培训前能力雷达图；（b）培训后能力雷达图

案例特点

将员工必须掌握的知识和技能按模块进行分类，根据员工需求制订培训计划，实施搭积木式的按需培训，加长员工短板，达到整体能力提升。

拓展案例三

过 关 式 培 训

所属类别：定制培训
案例级别：拓展案例
案例单位：广西电网公司崇左供电局
实施班组：输配电管理所输电检修二班

一、金点子实施情况

为提高送电线路工的巡视技能水平，保证送电线路能得到及时、准确、有效的检修和维护，崇左供电局输配电管理所输电检修二班策划实施了"过关式培训"的活动，其具体实施情况如下：

（1）组织人员制定岗位技术标准，确定各岗位的"应知应会"。

（2）进行人员技能需求情况调查，根据人员需求制订相应的培训计划。

（3）每月进行一次培训活动，而且形成长效机制。

（4）推行强制过关式训练。在建立岗位"应知应会"作业技术标准和动作标准后，参训人员必须无限次数地进行操作训练，直至符合标准并固化为止。

（5）培训工作遵循传授—训练—考核（或评估）的基本培训方式，根据制定的《内部考核办法》对员工进行考核和评估，检验培训效果。

二、金点子实施效果

实施"过关式培训"的活动后，员工的技能水平提高较快，全部提升到了中级技能档次，并逐步向高级技能发展，使员工素质、工作责任心、工作态度都保持着良好的状态。

案例特点

　　将员工岗位分初级、中级和高级三个层次，分别制定应知应会标准，采用分项目进行过关式培训及考核，使员工技能得到快速提升。

拓展案例四

阶 梯 式 培 训

所属类别：定制培训
案例级别：拓展案例
案例单位：贵州电网公司安顺供电局
实施班组：500kV 安顺变电站

一、金点子实施情况

传统的技术培训没有系统的框架，培训内容零散，使员工始终处于被动学习、被动接受的培训状态，员工学习目的性不明确，而且培训考核成绩没有与工资绩效挂钩，致使员工学习的积极性不强。基于上述问题，安顺供电局 500kV 安顺变电站提出并实施了"阶梯式培训"的活动，其具体实施情况如下：

（1）制定《500kV 安顺变电站阶梯式培训管理办法》，将变电站的技术等级分为"一级、二级、三级、四级、五级"，分别对应"值班员、副值、正值、值班长、站领导"五个级别的岗位。

（2）根据《500kV 安顺变电站阶梯式培训管理办法》并按照不同技术等级的要求编制题库，其题库包含规程制度、相关技能和专业知识。

（3）定期组织员工结合题库内容进行培训。

（4）变电站定期进行阶梯式培训考试，员工可随时申请、随时进行（每月 1 次）技术等级考试。为了持续地保证员工对相关业务技能的掌握，每 2 年进行一次强制性定级考试。

（5）根据考试结果对员工岗位进行调整并实行相应绩效挂钩，对于低级高岗或高级低岗的情况将采取一定比例的正补偿或负补偿措施。

二、金点子实施效果

阶梯式培训考评，让员工认识到自己业务水平与工作岗位要求的差距，明确了学习的方向。

将考评结果直接与员工绩效挂钩，极大地提高了员工学习的积极性。

案例特点

结合变电站岗位设置制定五个层级的技术等级标准，对培训效果检验采取临时和定时两种方式，考核结果与绩效相结合，有效地激励员工的自觉学习。

第十部分　行为规范培训

　　行为规范培训是指依据规章制度、作业指导书、工作流程和服务礼仪等，对班组员工进行工作技能和工作行为的培训方式。

　　行为规范培训既能提升班组员工按照规范的作业程序进行工作的能力，又能提高工作质量和服务质量，还能增强员工的安全意识和服务意识。

　　行为规范培训在实施过程中，首先要依据作业指导书、工作流程和服务礼仪等标准，制订培训计划，其次要监督培训的落实情况，最后要及时进行评估。

　　行为规范培训具有较强的实用性和可操作性，在企业的班组培训中广泛应用。

基于作业指导书的班组现场标准化作业培训

所属类别：行为规范培训

案例级别：典型案例

案例单位：贵州电网公司遵义供电局

实施班组：输电所运检一班

一、班组基本情况

班组基本情况，如表 10 - 1 所示。

表 10 - 1　　　　　　　　班组基本情况表

班组名称	输电所运检一班		主要业务		输电线路运行与维护	
平均年龄	37.8	班组人数		9		
人员学历结构	本科以上	人数	0	专科以下	人数	9
		比例	0		比例	100%
人员技术（技能）级别结构		技术等级	高	人数	0	比例	0
			中	人数	0	比例	0
			低	人数	0	比例	0
		技能等级	高	人数	3	比例	33%
			中	人数	3	比例	33%
			低	人数	3	比例	33%

二、金点子实施背景

由于一线员工在现场作业程序中规范性不强、安全意识淡薄，时有违章现象发生。为了进一步规范现场作业流程，增强作业人员的安全意识，将现场培训与实际工作紧密结合，突出培训的针对性和实效性，输电所运检一班根据《班组现场安全观察培训与考评细则》的有关要求，开展了"基于作业指导书的班组现场标准化作业培训"的活动。

三、金点子实施情况

（一）深入学习标准化作业培训与考评细则

班组长与相关技术人员，以标准化作业指导书为基础，积极参与编写《班组现场标准化作业培训与考评细则》，同时组织成员深入学习、理解和掌握有关规定及要求。

（二）组织专家对培训与考评细则进行审定完善

在局内部邀请相关专业人员组成专家组，对"班组标准化作业培训与考评细则"进行审定，班组根据专家提出的修改意见，进行了完善与修订。

（三）培训实施与评估

（1）班长组织编制该项工作的培训方案。

（2）培训启动前对员工进行首次测试，按照培训与考评细则逐条对员工进行观察测评，重点是观察员工在作业程序上的行为规范以及存在的问题。

（3）结合日常工作对员工开展标准化作业培训，如图 10-1 所示。

图 10-1　开展标准化作业培训

（4）培训结束时，由教培部、生计部、安监部相关专家组成评估组，再次按照培训与考评细则逐项打分记录成绩，如图10-2所示。

图10-2　标准化作业培训后逐项考评

（5）将培训前后数据进行对比分析，以发现员工训前与训后的行为转变，写出评估报告和提出改进建议。

四、金点子实施效果

（1）通过班组现场标准化作业培训试点工作的实施，一线员工的技术与技能水平得到了较大幅度的提高。

（2）真正发挥出了《标准化作业指导书》应有的作用，使一线员工实际操作更加规范化、科学化。

五、金点子应用注意事项

应注意细化现场作业培训与考评标准，特别要注意对员工实际操作的熟练规范程度及工作完成质量的量化评价，避免分值的随意性和偶然性，客观真实地反应员工实际技能水平。

⚖️ 案例特点

将培训与生产实际有机结合，即利用《标准化作业指导书》规范了员工的操作行为，又对培训结果进行了量化测评，通过比对，直观地说明了培训的效果。

📚 资料链接

1. 实施方案

遵义供电局输电管理所班组现场
标准化作业培训实施方案

为进一步落实贯彻中国南方电网公司"教育培训要向一线倾斜"和省电网公司"加强对一线职工教育培训工作的指导意见"。遵义供电局正式启动班组现场培训与考评标准编制工作，为班组长做好班组现场培训工作制定统一培训标准，促使班组现场培训科学化、系统化、规范化和标准化。

标准将依托现场作业指导书，使现场培训与实际工作紧密结合起来，通过培训提高一线员工的技术素质，掌握专业知识技能，从而为现场作业工单的推广使用打下坚实的基础。

以工作现场为主结合现场作业指导书进行编写，由班组技术业务较强、专业基础扎实的人员进行编写，发挥班组群体智慧，群策群力，保质保量完成标准的编制，使培训与现场紧密结合。按照班组编写—班组审查—试用—修改—部门审核—试用—修改—总结完善—局级审核—推广使用。使其来源于班组，使用于班组，更加具有实用性，更加贴近现场实际。全面应用标准，并不断探索改版成为现场作业工单。

实施计划，如表 10 - 2 所示。

表 10 - 2　　　　　　　　实 施 计 划 表

时间段	目　标	工作内容
8 月 11 日～8 月 24 日	班组编写	20 个标准的编写
8 月 24 日～8 月 31 日	班组审查	20 个标准的讨论与修改
8 月 28 日	试用启动	召开标准试用动员会，对部门编制的标准进行现场使用观察，达到修改完善的目的
9 月 1 日～9 月 14 日	部门审核	部门组织对 20 个标准进行审核修改完善
9 月 1 日～10 月 5 日	标准试用与修改	对标准进行工作现场试用，通过试用观察，与班组人员讨论，对标准进行修改
10 月 6 日～10 月 12 日	总结与完善	通过标准的试用，提高标准在班组的应用程度，总结经验，对标准进行完善
10 月 13 日～10 月 19 日	局级审订	局组织专家对标准进行审定
10 月 20 日～11 月 2 日	推广使用	召开标准推广使用动员会，全面应用标准，并不断探索改版成为现场作业工单

遵义供电局班组现场标准化作业培训试点评估方案

根据遵义供电局班组现场标准化作业培训实施方案的安排，确定输电管理所带电班为试点班组。目前试点工作已经完成，为对试点情况进行正确评价，特制订本评估方案，具体事项如下：

根据工作需要，成立评估小组。

通过对作业指导书的培训，开展一线员工现场培训的深度评估。

以《110kV 耐张绝缘子串带电更换培训与考评细则》和《110kV 直线杆悬锤线夹带电更换培训与考评细则》为依据进行评分。

评估对象为输电管理所上报《遵义供电局班组标准化作业培训细则实施进度表》中的参加培训人员。

评估进度,如表 10-3 所示。

表 10-3　　　　　评 估 进 度 表

序号	内　　容	完成时间	责任部门
1	训前评估	9 月 12 日	带电班
2	训中评估	9 月 27 日	带电班
3	训后评估	10 月 17 日	带电班
4	工作中进行跟踪评估	11 月 17 日	输电管理所
5	局组织专家评估	11 月 21 日	教育培训部
6	对考评情况进行分析、总结,出评估报告	12 月 12 日	教育培训部
7	对局领导及相关部门进行总结报告	12 月 24 日	教育培训部

（1）评估方式:采用"工作现场行为观察"方式进行考评。
（2）具体安排:如表 10-4 所示。

表 10-4　　　　　具 体 安 排 表

序号	评估项目	评估时间	评估地点
1	110kV 耐张绝缘子串带电更换	11 月 18 日 15：00	桃溪变技能基地
2	110kV 直线杆悬锤线夹带电更换	11 月 18 日 10：00	海岩线 25 号杆

（1）带电班的训前训后评估分析和自评报告于 11 月 4 日前报输电管理所和教育培训部。

（2）带电班和输电管理所应按要求如实填写《遵义供电局班组标准化作业培训细则实施进度表》。

2. 有关表格

遵义供电局《班组现场标准化作业培训评分细则》实施进度表

试点单位（公章）：　　　　　　　　　时间：

培训项目名称							
班组名称			本次培训项目负责人				
培训项目实施时间			年　月　日至　年　月　日				
接受培训人员			共　　人				
培训地点			桃溪寺培训基地				
有无该项目培训计划			有　〇　　无　〇				
训前测试情况			记录人：				
训中情况描述			记录人：				
训后评估分析			记录人：				
跟踪评估记录	第一次		年　月　日进行第＿＿次跟踪评估，情况为：记录人：				
	第二次		年　月　日进行第＿＿次跟踪评估，情况为：记录人：				
	第三次		年　月　日进行第＿＿次跟踪评估，情况为：记录人：				
部门负责人签字			教育培训部签字				

3. 考评标准

《遵义供电局现场安全观察培训与考评标准》

110kV 带电更换单串耐张绝缘子

一、现场培训（考评）概述
组织单位（或班组）：_____
培训（考评）负责人：_____　　接受培训（考评）人员：共__人
培训（考评）时间：___年_月_日
培训（考评）地点：

二、物品观察（工具材料准备）

项目	工器具材料	数量	作业方法及培训内容	考评标准	分值	得分
1. 个人防护用品	安全帽	5顶	1. 抗冲击性，符合强度要求	检查符合国家标准	0.5	
			2. 固定装置牢固可靠	检查固定装置牢固可靠	1	
			3. 有效合格证	检查合格证	0.5	
	安全带	2根	1. 连接部分灵活可靠，无卡塞	检查连接部分灵活可靠	1	
			2. 外观检查	无滑丝、损伤	0.5	
			3. 有效合格证	检查合格证	0.5	
	静电服	4套	有效合格证	检查合格证	1	
	屏蔽服	4套	有效合格证	检查合格证	1	
	阻燃内衣	4套	有效合格证	检查合格证	1	
	棉手套	3双	外观检查	检查为纯棉材料		
	护目镜	5副	外观检查	无破损		
	工作服	5套	外观检查	符合南方电网标准要求	0.5	
	工作鞋	5双	符合工作要求	无破损防滑		

二、物品观察（工具材料准备）

项目	工器具材料	数量	作业方法及培训内容	考评标准	分值	得分
2. 安全用具	保护钩	2根	外观检查	无破损	0.5	
			有效合格证	检查合格证	0.5	
	防潮帆布	1块	外观检查	无破损		
	绝缘检测仪	1个			0.5	
					1	
3. 施工工具	翼型卡	1副	有效合格证	检查合格证	1	
	托瓶架	1副	有效合格证	检查合格证	1	
	取销器	1个	外观检查	无破损	0.5	
	小滑车	1个	外观检查	无破损		
	绳套	1个	外观检查	无损伤，无断股	0.5	
	操作杆	1副	有效合格证	检查合格证	1	
	30m起吊绳	1根	外观检查	无损伤，无断股	0.5	
	绝缘绳	1根	有效合格证	检查合格证	0.5	
4. 设备材料	绝缘子	7片	绝缘子使用前检查：外观无损伤，有对绝缘子进行遥测是否零值	对绝缘子进行安全检查面	1	
	U型环	2副	外观检查	完好，无损坏		
	直角挂板	2副	外观检查	完好，无损坏		
	球头	2副	外观检查	完好，无损坏	1.5	
	碗头	3把	外观检查	完好，无损坏		
	弹簧销子	3颗	外观检查	完好，无损坏		

三、行为观察（作业程序）

1. 准备工具、安全用具、PPE及材料			出门前做好工器具、PPE及材料的检查准备，确保所有工具、安全用具、PPE合格有效	专人负责检查准备工器具和材料	14	

三、行为观察（作业程序）				
2. 办理工作票	按照 Q/CSG 10005—2004《电气工作票技术规范》（线路部分）填写和办理第二种工作票	填写正确的线路第二种工作票	7	
3. 工具、材料及人员运输	绝缘子属瓷质，易破损，两头用东西垫起，用绳索加以固定	运输中对绝缘子采取加固保护	2	
4. 现场交代安全措施	1. 由工作负责人向全体工作人员宣读工作票	工作负责人向全体工作人员宣读工作票	3	
	2. 交代现场安全措施	现场安全措施责任人明确，各责任人知道自己该干什么	4	
	（1）工作人员与带电体保持安全距离			
	（2）设置专兼责监护人			
	3. 交代下列危险点	各工作人员了解各项安全事项	5	
	（1）杆上工作人员应注意与带电体保持安全距离			
	（2）杆上人员传递工具及材料时，必须使用绳索传递，应防止工具及材料坠落伤人			
	（3）地面人员必须戴安全帽，杆下防止行人逗留			

三、行为观察（作业程序）				
4. 现场交代安全措施	（4）杆塔上作业人员必须使用安全带，安全带应系在电杆及牢固构件上，并检查扣环是否扣牢	各工作人员了解各项安全事项	5	
	（5）起吊前工作负责人应检查起吊绳索是否牢固等			
	4. 工作人员在危险点控制措施表上签名	工作人员在危险点控制措施表上签名	2	
5. 工器具、设备现场清点检查	1. 工具、材料分类摆放整齐，再次进行检查和核对，看有无错拿和损坏发生	工器具材料现场摆放整齐，并作全面检查	3	
	2. 收集相关数据（如生产厂家、绝缘子质量等）	收集绝缘子相关技术资料齐全	2	
	3. 清洁绝缘子表面	清洁绝缘子表面	1	
6. 核对杆塔号	1. 核对线路名称及杆号是否正确	核对线路名称及杆号正确	1	
	2. 检查杆塔基础及拉线是否牢固	检查杆塔基础及拉线牢固	1	
7. 登杆塔	1. 登杆塔时应用手扶稳，并确保有三点支撑（两手、一脚）防止脚打滑坠落	登杆塔熟练，保持三点着力	2	
	2. 到达适当位置应立即系好安全带	到达工作位置时立即系好安全带	1	

三、行为观察（作业程序）				
8. 组装起吊工具	1. 杆上电工登至横担作业相位置，系好安全带	杆上电工登至横担作业相当位置，系好安全带	1	
	2. 在地面工作人员的配合下，杆上电工组装好起吊工具	杆上电工组装好起吊工具	1	
	3. 将绝缘绳穿入滑车并挂于适当位置	将绝缘绳穿入滑车并挂于适当位置	1	
	4. 地面电工必须戴安全帽，禁止人员在工作点下方逗留	检查地面电工是否都戴好安全帽，工作点下方是否有人逗留	1	
9. 起吊并安装绝缘子	1. 杆上电工吊上卡具、操作杆（装取销器）并装于绝缘子串上，同时装好托瓶架	吊上卡具、操作杆（装取销器）并装于绝缘子串上，同时装好托瓶架正确可靠	3	
	2. 杆上电工用操作杆取出绝缘子串导线侧碗头中的弹簧销	用操作杆取出绝缘子串导线侧碗头中的弹簧销正确	3	
	3. 杆上电工收紧丝杠，使绝缘子串脱离受力状态，并适当用力摇晃卡具确认连接牢固	收紧丝杠，使绝缘子串脱离受力状态，并适当用力摇晃卡具确认连接牢固	3	
	4. 杆上电工用操作杆将绝缘子串导线侧碗头脱开，并脱开绝缘子串的横担侧连接	用操作杆将绝缘子串导线侧碗头脱开，并脱开绝缘子串的横担侧连接正确	3	

典型案例 基于作业指导书的班组现场标准化作业培训

三、行为观察（作业程序）				
9. 起吊并安装绝缘子	5. 地面电工与杆上电工配合，落下原绝缘子串，吊上新绝缘子串	避雷器吊绳和尾绳固定位置正确可靠	3	
	6. 按上述相反程序装上新绝缘子串，恢复两端弹簧销子	装上新绝缘子串，恢复两端弹簧销子正确	3	
10. 拆除起吊工具	杆上电工拆除吊下卡具、操作杆	新绝缘子串装好后应检查各部位连接情况，确认无误后方可拆除卡具	3	
11. 检查杆塔上有没有遗留物	必须由工作负责人认真进行检查，有遗留物时必须登杆塔取走	检查杆塔上有无遗留物	3	
12. 结束工作票	工作负责人应向调度值班员汇报内容为：工作完成情况、工作人员已撤离、可以恢复重合闸	向调度汇报"××工作已完成、工作人员已撤离、可以恢复重合闸"	3	
13. 填写检修记录	记录应包括检修日期、人员、线路参数、安装数量等有关资料	填写检修记录清楚	3	
考评成绩：				

4. 活动图片

（1）日常培训现场之一，如图 10-3 所示。

（2）日常培训现场之一（不带电），如图 10-4 所示。

（3）带电作业培训现场（间接作业法），如图 10-5 所示。

（4）评估现场，如图 10-6 所示。

图 10 - 3 日常培训现场之一

图 10 - 4 日常培训现场之二（不带电）

图 10-5　带电作业培训现场（间接作业法）

图 10-6　评估现场

拓展案例

岗位标准个性化培训

所属类别：行为规范导向培训

案例级别：拓展案例

案例单位：广东电网公司佛山供电局

实施班组：南海供电局西樵供电所

一、金点子实施情况

班组以往的培训重理论轻实践，单项培训多，系统培训少，针对性不强，而且培训缺乏监督和考核，员工积极性不高。为此，南海供电局西樵供电所业扩班开展了"岗位标准个性化培训"的活动，其具体实施情况如下：

（一）编制《员工培训手册》

对每位员工编制一本《员工培训手册》，其所编制的内容包括以下几方面：

（1）业扩岗位工作标准。

（2）业扩岗位培训标准。

（3）员工对应岗位"应知应会"自评表。

（4）对应员工自评情况进行的各项针对性培训的内容和考核结果。

（5）上级抽考的结果。

（二）制定培训标准

（1）根据上级规定的业扩岗位职责，制定岗位"工作标准"和明确制定标准的文件依据。

（2）分"应知"和"应会"两方面确定培训标准，并把培训内容分为 A 和 B 两类，能掌握本岗位 A 类"应知应会"的员工"基本胜任"岗位工作，能掌握本岗位 B 类"应知应会"

的员工"胜任"岗位工作。

（三）"对标"查缺

员工个人进行"对标"，对比标准查找自己缺乏的关键知识和技能，然后根据自评情况填写《岗位应知应会自评表》，自评表经个人和上级共同签名确认。

（四）确定培训需求

班组根据每个员工的自评情况确定班组的培训需求。

（五）制订年度和月度的培训计划

（1）根据培训需求，为每位员工定制"差异化、个性化"的培训方案，由此汇总成班组的年度和月度培训计划。

（2）如果班组员工都需要掌握的项目，可作为班组的一项集体培训项目提请上级营销部门组织相应的培训班，由上级营销部门指派一位有经验的老师傅作为培训讲师，并准备培训教材开展培训。

（3）如果是个别员工未掌握的项目，可由班组指派在此方面擅长的员工进行个别辅导，包括在工作中边干边教的培训活动。

（六）考核和记录

将培训的时间、内容、考核成绩进行一一记录，并签名确认，确保培训有记录可查。每一项培训内容都对应一张《"应知应会"考核和抽考情况记录表》。

对每一项培训进行考核，每个月班组还有一次全面的"应知应会"卷面考核，对业扩常用知识和技能进行全面的温习和整理。

（七）抽考

班组的培训情况接受上级部门、供电所的指导和监督，各级管理部门可针对班组已经培训的内容进行抽考，抽考情况记录在《"应知应会"考核和抽考情况记录表》中。

二、金点子实施效果

经过近两年的培训，业扩班员工的技术技能水平得到巩固和提高，员工对培训过的技能均已掌握。

在所属供电局的业扩专业技能竞赛中，连续两年获得前三名的好成绩。

案例特点

通过对照标准，在自评差距基础上产生有个性化的培训方案，采用集中学习和一对一个别辅导方式，有针对性地进行培训，巩固和提高了员工技能。

第十一部分 专业拓展培训

专业拓展培训是指班组员工在掌握本专业知识的同时，通过专业讲座、交流学习、交叉培训等形式，使其掌握与本专业相关的其他专业知识的一种培训方式。

专业拓展培训有助于班组员工加深对本专业知识的理解，了解两个专业之间的联系和相互影响，便于工作衔接和跨专业分析问题，培养了复合型人才。

专业拓展培训不同于岗位轮换，它是以现有专业为中心，只针对与本专业有关的其他专业知识进行的培训学习。开展此项培训要确定学习的拓展专业，制订有针对性的培训计划，按计划组织实施培训，做好培训效果评估。

电力系统由于技术密集，专业分工比较细，而且专业间关联紧密，因此专业拓展培训能够较好地解决各专业之间的衔接问题。

班组培训金点子

打 造 全 能 战 士

所属类别： 专业拓展培训

案例级别： 典型案例

案例单位： 广东电网公司佛山供电局

实施班组： 变电一部雷岗巡检中心

一、班组基本情况

班组基本情况，如表 11-1 所示。

表 11-1　　　　　　　　班组基本情况表

班组名称	变电一部雷岗巡检中心		主要业务		变电站设备巡视、维护、定检	
平均年龄	33	班组人数	21			
人员学历结构	本科以上	人数	9	专科以下	人数	12
		比例	42.86%		比例	57.14%
人员技术（技能）级别结构	技术等级	高	人数	0	比例	0
		中	人数	3	比例	14.3%
		低	人数	9	比例	42.9%
	技能等级	高	人数	19	比例	90.5%
		中	人数	2	比例	9.5%
		低	人数	0	比例	0

二、金点子实施背景

根据《佛山市"十一五"电网规划》，2010 年佛山市最高供电负荷将达到 889 万 kW，必须新建两座 500kV 变电站，14 座 220kV 变电站，82 座 110kV 变电站，其规模等于再造一个佛山电网。电网的快速扩张，对电网维护人员综合水平也提出了更高的要求，而现有的人力资源配置及素质却远远无法满足以上要求，面对以上矛盾，变电一部创建了"运检合一"（即"打造全能战士"培训活动）的人才培养模式。通过将不同专业的人员整合，让不同专业的人员在原有基础上进行新的专业技术学习，打造一支综合素质强、纪律严明、技术精湛、听从指挥、勇于奉献的铁军，以适应高强度、高难度的电网维护工作量。

三、金点子实施情况

（一）培训准备：合理整合人员

根据"运检合一"（即"打造全能战士"培训活动）的人才培养模式的要求，变电一部选取雷岗巡检中心作为试点，安排原继保分部 4 名继保人员与雷岗巡检人员组成"雷岗运检中心"，管辖 2 个 220kV 变电站和 12 个 110kV 变电站，其中 12 个 110kV 站按区域的合理性划分为 3 片区，每片区按"3＋1"的方式配备人员，形成运检小队，即 3 个巡检人员与 1 个继保人员负责管理 4 个变电站。中心设立继保技术负责人作为运检中心的继保管理技术专责人，对口继保分部的专业管理。

（二）培训实施

为了在较短的时间内让两个原来不同专业班组人员重新组合，运检中心制订了不同的培训方案。

（1）制作课件：负责授课的站长和继保技术负责人精心制作了各种 PPT 课件，课件充分结合现场，做到有理有据、有图有例。

（2）理论知识培训：运检小队不但在上班利用工余时间积极开展理论讲解及培训，而且更能在每星期六进行技术讲堂培训。

（3）实操培训：如图 11－1 所示，首先运检小队利用二次设备，熟悉设备的操作；然后利用开关柜，进行一、二次设备的结合操作；最后利用变电站内的备用间隔，进行模拟操作。

此外，合理利用参与新投变电站、技改变电站的验收机会，培养对现场的设备认识能力和动手能力。

图 11-1　现场实操考问培训

（4）培训考核：对完成培训内容的运检人员进行相关的技能考核和激励。

四、金点子实施效果

（1）实施培训后，人员素质提高较快，在工作中设备巡视更加精细、故障定位更加准确、事故处理更加迅速，减少了客户停电的时间，如图 11-2 所示。

（2）在设备维护时间和设备试验验收环节更加到位，操作的效率更高，提高了工作效率。

（3）随着"运检合一"（即"打造全能战士"培训活动）试点的深入开展，巡检中心人员在操作的效率、二次回路的认识能力、二次回路的动手能力、处理故障的效率、电网综合分析的能力均有了明显的提高，为变电运行综合型人才的培养提高了保障。

图 11-2　故障处理迅速，减少停电时间

（4）培训实施后效果，如图 11-3 所示。

培训实施前后对比图

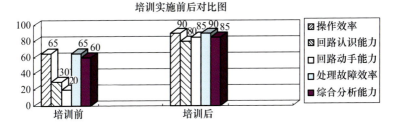

图 11-3　培训实施后效果图

五、金点子应用注意事项

（1）要建立健全规范的考评标准，细化目标考评办法。

（2）要加强仿真实战培训，提升人员对变电运行中的事故预控及快速反应能力。

案例特点

"运检合一"（即"打造全能战士"培训活动）的人才培养模式，能使班组人员在工作中接触不同专业的知识，拓展知识面，快速提高技术技能。

资料链接

1. 培训资料

2008 年雷岗运检中心培训计划

结合雷岗运检工作，围绕"规范、巩固、促进、提高"的思路组织开展理论和实操的专业培训。

雷岗运检中心每月培训计划，如表 11-2 所示。

表 11-2　　　　　　雷岗运检中心每月培训计划表

序号	授课人员	培训内容	培训时间	培训达标标准	培训形式	检验形式	备注
1		220kV 开关控制回路及元件功能详解	2 月	熟悉 220kV 开关控制回路，掌握元件功能及实际工作状态	现场讲解	现场考问	
2		220kV 开关机构解剖	3 月	掌握 220kV 开关实际结构	现场讲解	现场考问	
3		变电站五防系统	3 月	熟悉变电站五防系统	现场讲解	现场考问	
…	…	…	…	…	…	…	

对省电网公司 2007 版反事故措施进行深入理解和宣贯，针对 2008 年在执行反事故措施的过程中，发现的问题和一些重点条款进行了讨论和分析，提出了疑问，积极征询上级管理部门的意见，减少了运检维护人员在执行规程中出现的疑问。

雷岗运检中心大型培训计划，如表 11 - 3 所示。

表 11 - 3　　　　雷岗运检中心大型培训计划表

序号	负责分部	负责人	培训项目	培训对象	预计开班时间	天数	备注
1	技术负责人		省电网公司 2007 版反事故措施宣贯	雷岗巡检中心	2～3 月	2	
2	技术负责人		220kV 母差及失灵保护培训	雷岗巡检中心	7 月	1～2	
3	技术负责人		GIS 设备二次回路设计和验收规范	雷岗巡检中心	9 月	1～2	
…	…	…	…	…	…	…	

雷岗运检中心每月培训计划，如表 11 - 4 所示。

表 11 - 4　　　　雷岗运检中心每月培训计划表

序号	授课人员	培训内容	培训时间	培训达标标准	培训形式	检验形式	备注
1		蓄电池及直流系统的维护及定检	4 月	掌握蓄电池维护的方法及定检的步骤	现场讲解	闭卷考试	
2		二次回路作业时危险点分析及预控	7 月	掌握在光差保护及 TA/TV 回路工作时的安全措施	现场讲解	闭卷考试	
…	…	…	…	…	…	…	

2. 现场培训图片

"打造全能战士"培训活动图片，如图 11 - 4～图 11 - 7 所示。

图 11-4 "打造全能战士"培训活动图片之一

图 11-5 "打造全能战士"培训活动图片之二

图 11-6 "打造全能战士"培训活动图片之三

图 11-7 "打造全能战士"培训活动图片之四

电力通信与继电保护跨专业复合培训

所属类别：专业拓展培训
案例级别：拓展案例
案例单位：贵州电网公司贵阳供电局
实施班组：信息通信中心载波二班

一、金点子实施情况

随着继电保护与电力通信的联系越来越紧密，通信的可靠性和稳定性是继电保护正确动作率的重要保证，而通信人员往往缺乏继电保护知识，无法满足交叉专业工作的要求。为此，贵阳供电局信息通信中心载波二班策划并实施了"电力通信与继电保护跨专业复合培训"的活动，其具体实施情况如下：

（1）根据继电保护专业与通信专业交叉特点，确定跨专业培训内容。

（2）采用讲座形式进行集中培训，重点针对跨专业难题以及实际工作中遇到的疑惑问题开展讨论，总结经验教训。

（3）开展实际操作培训，要求重点掌握设备配置、维护、保护信号传输时间测量等关键技术。

（4）定期开展关键技术的反事故演练。

（5）结合理论学习、实际操作、反事故演练、日常消缺等工作对跨专业培训内容进行阶段性总结，编制相关维护导则、设备事故预案等指导性文件。

（6）通过开卷考试，检验学员学习效果，并提出培训的改进措施。

（7）根据培训考核结果，对学员进行奖励与考核。

二、金点子实施效果

通过实施跨专业复合培训，使通信专业技术人员在保护通道应用、通信接口参数等方面与保护专业知识融会贯通，提高了技术人员的运行维护水平，实现员工一专多能和满足跨专业技术工作的要求。

案例特点

以本专业为中心，拓展学习相关专业知识，使本专业人员了解两个专业之间的联系和相互影响，便于工作衔接和跨专业分析问题。

班组一帮一互动学习

所属类别：专业拓展培训
案例级别：拓展案例
案例单位：贵州电网公司毕节供电局
实施班组：计量管理所

一、金点子实施情况

为了弥补班组员工掌握技术过于单一，实现"一岗多能，一专多能"，提高班组员工专业技能水平，有效缓解和解决技术人员匮乏的现状。为此，毕节供电局计量管理所开展了"班组一帮一互动学习"的培训活动，其具体实施情况如下：

第一步，开展所内部岗位培训需求调查，基本按照职工个人意愿，安排专业培训；

第二步，制订详细培训计划及培训内容、培训协议；

第三步，签订班组互动培训师徒协议，指派技术骨干实施培训。培训采用工作现场培训、班组内理论授课等方式，培训期为3～6月；

第四步，培训期满后由被培训人写出培训总结和感受，负责培训的班组对培训人进行培训鉴定，所内负责对互动培训人员进行技能水平和理论知识的考评；

第五步，对被培训人的鉴定进行分析，制订培训分析报告，并对其鉴定分析等电子文档进行备案；

第六步，通过培训掌握必要的理论、实操技能后，组织人员进行资格考试，从而做到持证上岗。

二、金点子实施效果

采用这种班与班之间互动交叉学习培训后，营造了一个边学、边干、边提高的良好氛围，促进了员工实现"一岗多能，一专多能"的目标。全所90％以上的人员进行了互动培训或参与了培训工作，75％的人员掌握了除本岗位以外的其他工作的技能知识，实现了工作互助，在进行仪表定期检定或轮换、校验电能计量设备等工作时，计量班、仪表班可相互抽调人员协助工作，有效地解决了人员匮乏的难题。

案例特点

班组互助学习，培养跨专业人才，既做到学习互助，又做到工作互助。